주거복지 해외에 길을 묻다

KB072184

한국주거복지포럼 총서 2

주거복지
해외에 길을 묻다

김수진, 최경호, 전성제, 허윤경, 박미선, 김남정,
강명수, 장용동, 김덕례, 최은희 공저

사단법인 Korea Housing Welfare Forum
한국주거복지포럼

씨
아이
알

이번 서적은 한국주거복지포럼이 발간한 2018년 '주거복지 해외탐방'에 이어 두 번째 주거복지 해외사례에 관한 연구결과입니다. 본 포럼이 주거복지의 해외사례에 관심을 두고 서적을 연차적으로 발간하기로 결정한 배경은 주거복지가 주택 및 주거환경의 가장 근간을 이루기 때문입니다. 주거복지를 한마디로 정의한다는 것은 어렵지만, 그 개념은 주거공간 및 시설이 최소 수준 이상으로 유지되도록 도와주기 위한 포괄적 복지를 뜻한다고 생각합니다. 의식주가 삶의 기본이라고 정의하듯이 주거복지는 삶의 공간을 유지하는 데 기본입니다. 이러한 개념은 좌우를 넘나들고 국경을 넘나듭니다. 이를 어떻게 보전하고 달성할 것인가에 따라 개개인 삶의 행복이 결정될 것이며, 다 같이 행복한 커뮤니티의 구현이 좌우될 것입니다.

올해 2020년은 코로나가 한국뿐만 아니라 전 세계를 뒤덮은 상황에서, 방역과 경제가 주된 사회적 이슈로 등장하여 주거복지에 대한 관심은 다소 낮아진 것처럼 보입니다. 하지만 주거복지를 필요로 하는 계층은 더욱더 악화되는 상황에 직면해 있으며 경제적 어려움뿐만 아니라 일상적으로 쉴 수 있는 공간이 사라지는 이중고를 겪고 있는 실정입니다. 코로나만 아니면 골목길도, 느티나무 밑도, 동네공원도 편안한 주거공간으로 작동하였을 것입니다. 그러한 것이 불가능한 상황에 좁은 집 안에서 모든 것을 해결해야 하는 삶은 주거복지의 위상을 다시 떠올리게 합니다.

코로나문제가 지속되는 상황에서 주거복지 부문은 솔로몬의 지혜가 필요합니다. 이번 서적에서 제시하고 있는 선진 외국의 주거복지 사례가 주거복지 개선과 전달에 안간힘을 쓰고 있는 현장 관계자분들께 직간접적으로 도움이 되길 기대합니다. 옛 속담에 "한술에 배부를 수는 없다"라고 했습니다. 현재 주거복지 부문의 정책과 제도가 다소 미흡하더라도 적극적으로 잘 수선하면서 일관된 정책을 추진한다면 우리나라의 주거복지 제도도 다른 나라에 모범이 될 수 있을 것입니다. 우리는 1960~1970년대의 경제적 어려움을 어떻게 극복해서 여기까지 오게 되었는지 잘 모르는 것 같습니다. 경제적 어려움을 사회·경제적 중심과제로 설정하고 열심히 극복하는 정책을 추진하다 보니 지금 이러한 경제 성장을 성취하게 되지 않았을까요. 주거복지의 개선도 그와 유사할 것입니다. 사회 구성원 전체가 주거복지를 시급히 개선해야 하는 주요 정책과제로 설정하고 지속적으로 노력을 한다면 외국에 모범이 되는 주거복지 수준을 구가할 수 있을 것입니다.

본 서적이 출간되도록 주거복지의 우수사례를 저술하여 주신 장용동 대기자를 위시한 10분의 필자분들께 깊은 감사의 인사를 드립니다. 그리고 지난번 출간에 이어 이번 출간에도 심혈을 기울여주신 우리 포럼의 주거복지평가·출판위원회 위원장이신 국토연구원의 이수욱 본부장님께도 심심한 감사의 말씀을 드립니다. 끝으로 많은 독자들에게 인기가 있도록 지원을 아낌없이 보내주신 도서출판 씨아이알 김성배 사장님과 박영지 편집장님께도 감사의 말씀을 전합니다. 우리 포럼 사무국의 조명현 사무총장님과 우승진 사무국장님도 수고 많으셨습니다.

우리 주거복지포럼은 주거취약계층의 주거환경 개선을 위해 많은 노력을 경주해왔으며 이를 끊임없이 지속적으로 추진하고자 합니다. 그러한 과정이 순탄하지도 쉽지도 않겠지만 우리가 노력한다면 뭔가를 변화시킬 수 있고 달성시킬 수 있다는 믿음을 갖고 있습니다. 이번 서적이 주거복지의 개선을 위해 노력하시는 국토교통부와 보건복지부를 위시한 중앙정부 및 지방정부의 관계자들께 도움이 되고 현장에서 각고의 노력을 아끼지 않으시는 전문가들께 지혜를 나누는 계기가 되었으면 좋겠습니다.

주거복지를 위한 여러분의 노력과 성원에 깊이 감사드립니다.

2020년 12월 코로나 저 너머를 상상하면서
박환용 한국주거복지포럼 상임대표
(가천대학교 도시계획학과 교수)

CONTENTS

프랑스 피넬법의
민간임대주택 공급 활성화 전략

프랑스 피넬법의
민간임대주택
공급 활성화 전략

1. 들어가는 말

오늘날 급속한 도시화로 인해 기반시설과 기초서비스가 이미 도
시에 집적되어 있다. 그러나 도시 내 입지가 좋은 곳은 토지와 주
택 가격이 높아 저소득층이 원한다고 해도 거주하기 힘들다. 도
시 시민으로서 개인이 원하는 곳에 거주할 수 있는 권리란, 도시
가 제공하는 서비스와 기회에의 접근성을 보장받음으로써 개인
역량을 강화하고 의미 있는 참여를 통해 자신이 꿈꾸는 방식으로
도시를 변화시킬 수 있는 권리와도 같다.[1] 이를 민간임대주택정
책에 적용해보면, 저렴주택affordable housing을 공급할 때 앞으로는
최소한의 기반시설과 서비스 접근성을 담보한 입지 또한 고려해
야 한다는 의미로 해석할 수 있다.

---

1   Lefebvre, H. 2003[1970]. The urban revolution(R. Bononno, Trans) Minneapolis:
     University of Minnesota Press.

이러한 논의가 민간임대주택정책에 반영된 대표적 사례로는 2014년 프랑스 피넬법Pinel Law[2]을 들 수 있다. 프랑스 정부는 피넬법 제정을 통해 개인이 임대사업을 목적으로 신축건물을 매입할 경우 주택매입금액의 일정 비율만큼 최소임대기간 동안 임대사업자의 연간 소득세에서 감면해주는 세금인센티브 정책을 시행하고 있다. 또한 수요가 많고 입지가 좋은 도시지역에도 공급이 일어날 수 있도록 세금인센티브 제도와 함께 지역분류체계를 수립·적용하고 있다. 쉽게 풀이하자면 프랑스 전역을 5개 등급으로 구분한 뒤 소속지역의 등급이 높을수록 세금 감면비율을 높게 두어 등급이 높은 도시지역에 공급이 일어날 수 있도록 유도하는 구조이다.

본 글에서는 프랑스 피넬법의 민간임대주택 공급 활성화 전략에 관해, 법 제정 배경, 주요 내용, 그리고 향후 과제의 세 부문으로 나누어 간략하게 살펴보도록 하겠다.

2. 피넬법의 제정 배경

프랑스 주택정책의 기본원칙은 1989년 가시화되기 시작한 주거권Droit Au Logement Opposable: DALO[3]에 담겨 있다. 주거권의 핵심은 적

---

2   Legifrance. Le service public de la diffusion du droit. 프랑스 국가법령정보센터 홈페이지. Article 199 novovicies modifié par LOI n° 2014-1654 du 29 décembre 2014-art. 5 (V) 내용 참조. https://www.legifrance.gouv.fr/affichTexteArticle.do?idArticle=JORFARTI000029988916&cidTexte=JORFTEXT000029988857&categorieLien=id(접속일 2019년 9월 5일).
3   Ministère de la Cohésion des territoires et des Relations avec les collectivités territoriales Le DALO : un droit instauré depuis 2007. 프랑스 지방자치단체 간 협

정 수준의 저렴주택을 공급할 책임이 국가에 있다는 것이다. 적정 수준 이하의 주거환경에 놓이거나, 철거 위험에 노출되었거나, 또는 사회주택에 입주하기를 희망하여 입주신청 후 비정상적으로 오랫동안 기다려왔음에도 기회가 돌아오지 않는 경우, 이와 같은 상황에서 거주민 스스로가 당면한 주거 문제를 해결할 수 있는 역량이 없다고 판단했을 때 누구나 국가를 상대로 소송을 걸 수 있다.

이처럼 1894년부터 2019년 현재에 이르기까지 프랑스 주택정책은 다양하게 변화했으나 공통 전제는 주택을 공급하는 데 국가의 직간접적 개입이 필요하다는 것이다. 2008년 시행된 주거권은 다만 이러한 역사적 흐름을 집약하여 선언했다고 할 수 있다.

1950년대 초 2010년대 말 프랑스 주택정책의 흐름은 크게 두 단계로 구분할 수 있다. 첫 번째 단계는 1950년대에서 1990년대까지로 사회주택 공급정책4과 주택보조금 정책이 시차를 두고 차례로 맞물린 시기다. 2차 세계대전 이후 프랑스는 대도시, 특히 파리를 중심으로 극심한 주택 부족 현상을 겪었는데, 그 원인은 복합적이다. 전쟁으로 인해 농촌에서 일자리를 찾아 대도시로 인구 유입

력과 영토적 연대부 공식 홈페이지. 2007년 시작된 달로법. 내용 참조.
http://www.cohesion-territoires.gouv.fr/le-droit-au-logement-opposable-dalo(접속일 2019년 9월 5일); Peppercorn. I & Taffin. C. 2013. Rental housing: lessons from international experience and policies for emerging markets. Washington: World Bank. p.87-92 내용 참조.

4   이성근·최민아, 2016, 2000년 이후 프랑스 사회주택 지원제도 및 공급 특성 연구, 대한건축학회 논문집계획계, 32(7):37-46. 이성근, 최민아(2016)는 논문의 첫 페이지에서 사회주택(Logementa Sociaux)을 공공이 공급하는 임대주택이라고 정의하고 있다. 사회주택은 주택소요(Housing Need)를 다루는 반면, 피넬법이 활성화하고자 하는 공공지원민간임대주택은 주택소요와 주택수요(Housing Demand)의 중간지점에 위치한다.

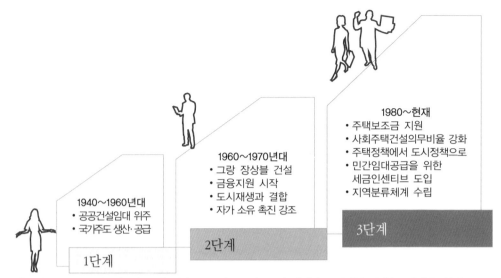

자료 : Blanc. M. 2010. The Changing Role of the State in French Housing Policies: A Rolll-Out Without Roll-Back? European Journal of Housing Policy. 4(3) : 283-302. 내용을 토대로 재구성

그림 1 프랑스 주택정책의 시대적 변화

1940~1960년대
• 공공건설임대 위주
• 국가주도 생산·공급

1단계

1960~1970년대
• 그랑 장상블 건설
• 금융지원 시작
• 도시재생과 결합
• 자가 소유 촉진 강조

2단계

1980~현재
• 주택보조금 지원
• 사회주택건설의무비율 강화
• 주택정책에서 도시정책으로
• 민간임대공급을 위한
  세금인센티브 도입
• 지역분류체계 수립

3단계

이 본격화되었기 때문이라는 시각도 있지만, 보다 근본적으로는 1914년 제정된 시행된 임대료 제한 정책 때문이라고 볼 수도 있다.[5] 1916년 이래로 임대료가 제한되자 신축건물에 대한 투자가 점차 줄어들었고 기존 건물의 관리 부실 문제가 불거졌다. 이와 더불어 1960년대 이후 경제 호황기를 맞으면서 주택 공급 또한 시장 논리에 맡겨야 한다는 흐름도 형성되었다. 원인이 어디에 있든지 이 시기는 주택부족이 심각했다. 이에 1950년대 초반부터 그랑 장상블Grands Ensembles이라 불리는 대규모 아파트 단지를 도시

---

5   Peppercorn. I & Taffin. C. 2013. Rental housing: lessons from international experience and policies for emerging markets. Washington: World Bank. p.87-92.

외곽에 건설하기 시작하여 1970년대까지 지속하였고, 1970년 초 중반부터 주택보조금 정책예: Aide Personalisee au Logement: APL이 병행 되었다. 문제는 위와 같은 노력에도 불구하고 기반시설, 자족기 능, 교통 대책 없이 건설된 그랑 장상블에 이주 배경을 가진 저소득 층이 밀집하면서 도시 문제가 사회 문제로 전환되었다는 데 있다.[6]

두 번째 단계는 2000년대부터 2010년대까지로 사회주택 의무건 설비율 기준 수립 및 민간임대주택 공급 확대로 특징지어진다. 먼저 1991년 도시기본법Loi d'Orientation Pour La Ville 제1항에서는 당시 프랑스 도시에 만연한 공간분리와 사회적 배제에 맞서 사회통합 을 이루어야 한다는 원칙을 제시했고 그 수단으로 20만 이상 도시 는 모두 전체 주택 수의 20%를 사회주택으로 공급하고 기초생활 수급자 수를 전체 인구수의 18% 미만으로 유지해야 한다는 내용 을 담고 있다.[7] 다만 지자체가 이를 부담금으로 대체할 수 있어 실 질적으로 의무건설비율의 강제이행이 어렵다는 한계가 있었다. 10년 뒤인 2000년 도시연대 및 재생에 관한 법률Loi relative à la Solidarité et au Renouvellement Urbain: SRU법이 제정되면서 건축 및 주택법전Code de la Construction et de l'Habitation L-302-7[8]이 개정되었다. 개정안에 따르 면 인구 5만 이상 도시, 인구 1만 5천 이상 꼬뮌의 경우, 전체 주택

6   Dikeç. M. 2007. Revolting Geographies: Urban Unrest in France. Geography Compass. 1(5):1190-1206.
7   Ponce. J. 2012. Affordable housing and social mix: comparative Approach. Journal of Legal Affairs and Dispute Resolution in Engineering and Construction. 2(1):31-41. p.36.
8   Legifrance. Le service public de la diffusion du droit. Code de la construction et de l'habitation. 프랑스 국가법령정보센터 홈페이지. L302-7항 내용 참조. https://www.legifrance.gouv.fr/affichCodeArticle.do?cidTexte= LEGITEXT0 00006074096&idArticle=LEGIARTI000006824718&dateTexte =(접속일 2019년 9월 5일).

수의 20%를 사회주택으로 공급해야 하며 지자체의 의무이행을 강제할 방안이 마련되었다.

그 이후 일련의 법제도 변화에 따른 민간임대주택 공급확대정책의 주요 흐름은 다음과 같다. 2003년 제정된 로비앙법Loi Robien은 민간임대주택 공급 활성화를 위해 세금인센티브와 지역분류체계를 결합했는데, 이는 본 글에서 다루고자 하는 피넬법의 전신이라고 할 수 있다. 로비앙법의 지역분류체계(일명 Zonage A/B/C)[9]를 쉽게 풀이하자면 주택의 수급불균형 정도에 따라 프랑스 전역을 5개의 지역으로 나누어서 불균형 정도가 심한 지역(대표적으로 A, Abis)일수록 세금인센티브를 더 주는 방식으로, 수요가 있는 곳에 공급이 이루어지도록 유도하는 것이다. 2009년 셀리에법, 2013년 뒤플로법을 거쳐 2014년 피넬법에 이르기까지 임대료 상한선, 임차인 소득 제한, 최소임대기간, 세금 감면 등 규제와 혜택[10]의 자세한 내용에 변화가 일어났다. 이 중 뒤플로법은 2013년 1월 1일부터 2016년 12월 31일까지 4년 동안 임대를 목적으로 신규주택을 매입할 경우 매입금액의 18%, 단 1년에 6천 유로까지 임대사업자의 소득세를 임차 기간인 9년 동안 분할·감면해준다.

----

9   Ministère de la Cohésion des territoires et des Relations avec les collectivités territoriales. Le zonage A/B/C. 프랑스 지자체 간 협력과 국토통합부 공식 홈페이지. 주택정책의 지역분류체계. 내용 참조.
     http://www.cohesion-territoires.gouv.fr/les-zonages-des-politiques-du-logement (접속일 2019년 9월 5일).
10   Le site officiel de l'administration française Réduction d'impôt pour investissement locatif(dispositifs Duflot/Pinel) 프랑스 행정부 공식 홈페이지. 민간매입임대주택 투자를 유도하기 위한 세금 감면: 뒤플로법-피넬법의 정책수단. 내용 참조.
     https://www.service-public.fr/particuliers/vosdroits/F31151(접속일 2019년 9월 5일). 뒤플로법은 2013년 당시 주택부 장관인 세실 뒤플로의 이름을 2014년 피넬법은 후임 장관인 실비아 피넬의 이름에서 가져온 것으로, 정책방향은 동일하고 구체적 수단에서 차이를 보인다.

그러나 뒤플로법이 지나치게 임대사업자를 규제한다는 비판을 받자 이에 2014년 9월 1일 프랑스와 올랑드 대통령은 뒤플로법을 피넬법으로 대체했다. 두 법은 모두 일종의 조세감면규제법으로 실질적인 원칙과 수단은 거의 대동소이하다.

뒤플로법과 피넬법 모두 특정지역에 거주하는 특정계층에게 주택을 공급하기 위해 제정되었다. 특정지역이란 주택수급불균형이 심각한 지역을 말하며 일명 임계지역zone tendue[11]으로 불린다. 임계지역은 정부의 직접개입만으로는 불균형을 해결할 수 없어 민간사업자가 신축건물을 임대목적으로 매입·임대함으로써 주택 공급을 활성화할 필요가 있는 곳이다. 또한 특정계층이란 임차인의 소득 수준이 사회주택 입주자격 요건보다는 높으나 시장논리에 따른 민간임대주택에 들어가기에는 낮은 차상위계층 또는 중산층이라고 할 수 있다.[12] 이런 의미에서 매개주택logement Intermediaire의 정책 대상[13]과 궤를 같이한다.

---

11 피넬법의 주요 내용은 프랑스 행정부 공식 홈페이지에 핵심내용이 소개되어 있으나, 그 외 비공식 홈페이지가 다양하게 존재한다. 아래 홈페이지에 임계지역에 대한 보다 자세한 정의가 나와 있다.
    https://www.pinel-loi-gouv.fr/zones-tendues-loi-pinel/(접속일 2019년 9월 5일)
12 피넬법 임차인 소득 제한 정보는 각주 9의 출처와 같다. 사회주택의 소득 제한 기준 또한 동일 홈페이지 사회주택 부분에 정리되어 있다. 예를 들어, 파리 대도시권(Zone Abis) 싱글을 기준으로 피넬법의 기준(37,126€)과 사회주택의 기준(프로그램에 따라 13,050€, 23,721€, 30,837€ 등으로 구분)을 비교하면 피넬법의 기준이 더 높음을 확인할 수 있다.
    https://www.service-public.fr/particuliers/vosdroits/F869(접속일 2019년 9월 5일).
13 이성근·최민아, 2016, 2000년 이후 프랑스 사회주택 지원제도 및 공급 특성 연구. 대한건축학회 논문집-계획계, 32(7).37-46, pp.42-43 내용 참조.

표 1 피넬법과 뒤플로법 비교

구분	뒤플로법의 정책수단	피넬법의 정책수단
세금 감면 최대비율	18%	12%(초기 6년)+6%(최초 3년 연장)+3%(두 번째 3년 연장)=총 21%
임대차 계약기간	9년	초기 6년 또는 9년(초기 6년+3년) 또는 12년(초기 6년+3년+3년)
친족 임대가능 여부	불가	가능 부모 및 자녀 세대 모두 포함
임대료 상한선	적용	적용
임차인 소득 제한	적용	적용

자료 : Le site officiel de l'administration française Réduction d'impôt pour investissement locatif(dispositifs Duflot/Pinel) 프랑스 행정부 공식홈페이지. 민간매입임대주택 투자를 유도하기 위한 세금 감면: 뒤플로법-피넬법의 정책수단 내용 참조 https://www.service-public.fr/particuliers/vosdroits/F31151(접속일 2019년 9월 5일)

표 2 연도별 지역분류체계 비교

입지 구분	연도별 지역분류체계 비교	
	2014 이전	2019 피넬법 이후
Zone Abis	파리 및 인접한 29개 꼬뮌	파리 및 인접한 29개 꼬뮌
Zone A	일 드 프랑스, 꼬뜨 다쥐르, 프랑스령 제네브	일 드 프랑스, 꼬뜨 다쥐르, 릴, 리옹, 마르세이유 , 몽쁠리에, 프랑스령 제네브
Zone B1	거주민 25만 이상 도시, 파리 대도시권, 지가가 높은 일부 꼬뮌(예: 라로셀, 바욘, 끌뤼스, 안시,샹베리, 생말로), 해외 데파르트망, 꼬르스 및 그 외 섬	거주민 25만 이상 도시, 파리 대도시권, 지가가 높은 일부 꼬뮌(예: 라로셀, 바욘, 끌뤼스, 안시, 샹베리, 생말로), 해외 데파르트망, 꼬르스 및 그 외 섬
Zone B2	그 외 거주민 5만 이상 꼬뮌 및 B1에 속한 지역의 외곽	그 외 거주민 5만 이상 꼬뮌 및 B1에 속한 지역의 외곽
Zone C	그 외 행정구역	그 외 행정구역(2018년부터 적용 안 됨)

자료 : Ministère de la Cohésion des territoires et des Relations avec les collectivités territoriales. Zonage A/B/C. 내용을 표로 정리. https://www.cohesion-territoires.gouv.fr/zonage-b-c(접속일 2019년 9월 5일)

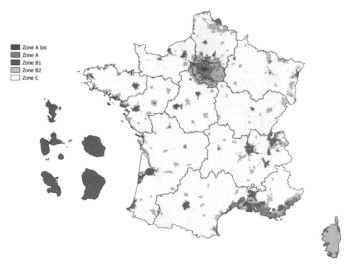

자료 : Ministère de la Cohésion des territoires et des Relations avec les collectivités territoriales. Zonage A/B/C. https://www.cohesion-territoires.gouv.fr/zonage-b-c (접속일 2019년 9월 5일)

그림 2 지역분류체계

3. 피넬법의 주요 내용

2014년 제정된 피넬법은 2019년 개정안이 2021년까지 적용될 예정이다. 동 법의 핵심은 민간사업자가 인구가 밀집한 도시지역에 신축건물을 임대목적으로 매입하면, 사업자가 내야 할 연간소득세에서 일정 비율만큼 세금 감면 혜택을 주는데, 그 세부비율은 주택매입금액, 최소임대기간, 지역분류체계 등에 따라 달라진다. 사업자로서는 결국 본래 책정되었던 시장가격보다 더 저렴한 가격으로 건물을 매입할 수 있고 추가로 임대수익이 매달 확보되기 때문에 이득이라고 생각할 수 있다. 매매가가 높은 건물을 매입할수록 오히려 투자비용을 줄이고 수익성을 높일 수 있기에 보다 자발적으로 수요가 높은 도시지역에 투자하게 될 것이라는 논리이다.

피넬법의 적용을 받기 위해서는 다음의 몇 가지 조건[14]을 충족해야 한다. 주요 적용요건으로는 임대료 상한선, 임차인 소득 제한 그리고 최소임대기간을 준수할 것과 신축건물을 매입할 시 12개월 내 임대사업을 시작해야 한다는 항목을 들 수 있다. 무엇보다도 매입주택이 지역분류체계 안에서 세금 감면 혜택을 받을 수 있는 지역(A, Abis, B1, B2) 내 위치할 것 등이다. 또한 각 사업자는 1년에 두 채의 주택에 한정해 총 30만 유로(약 3억 8천만 원)까지 투자할 수 있다는 제한을 받는다.

각각의 조건에 대해 하나씩 살펴보기로 하겠다. 첫째, 임대료 상한선과 임차인 소득 제한이다. 두 조건 모두 모두 매입주택이 위치한 지역분류체계의 등급에 따라 적용방식이 달라진다. 임대료는 밀집한 도시지역(A, Abis)일수록 높아지고 임차인 소득 제한은 밀집한 도시지역일수록 높아지나 가구형태가 독립변수로 추가설정되었다. 양육자녀와 부양가족 수가 늘어날수록 소득 상한선은 높아진다. 사실 임차인의 자격요건은 뒤플로법과 피넬법을 구분하는 기준 중 하나인데, 소득 수준과는 상관없이 뒤플로법에 따르면 친족에게 임대가 불가하며 피넬법은 동일 가구원이 아닌 친족에게는 임대할 수 있게 하여 법 적용기준을 완화하였다.[15]

----

14 임대료 제한, 임차인 소득 제한, 최소임대기간, 신축건물로 인정되는 세 가지 범주, 에너지 효율과 관련된 정보 등은 각주 9의 출처와 같음을 밝혀둔다.

15 https://loipinel.fr/avis/duflot-ou-pinel(접속일 2019년 9월 5일). 뒤플로법과 피넬법을 구분·정리한 표 참조.

둘째, 최소임대기간은 지역분류체계에 영향을 받지 않으며 이 또한 뒤플로법과 피넬법을 구분하는 기준 중 하나이다. 뒤플로법은 9년 단일 기간이었으나 피넬법은 6년, 9년, 12년 세 가지 옵션을 제시했다. 각 기간에 따라 매입금액에 적용되는 세금 감면 비율이 달라지는데, 최소임대기간이 늘어날수록 세금 감면 혜택도 커진다. 만약 임대기간이 12년인 경우 1년에 6,300유로(약 800만 원),[16] 면적당 5,500유로(약 700만 원)까지 감면 혜택을 받을 수 있다. 최소임대기간이 12년이라고 할지라도 세금 감면 혜택의 상한선을 설정해놓았기 때문에 주택 규모와 입지 간의 적절한 균형점을 찾아야 세금 감면 혜택을 최대화할 수 있다.

셋째, 피넬법은 신축건물을 매입할 때만 적용된다. 여기서 신축건물의 범주와 그 함의를 이해할 필요가 있다. 피넬법이 정의한 신축건물은 말 그대로 새로 건축한 건물, 신축할 예정인 건물 그리고 피넬법이 제시한 건축물의 에너지 효율 기준(BBC, RT2012)[17]을 충족하도록 개축한 건물 모두를 포함한다. 준공예정인 건물은 매매계약서에 사인한 후 30개월 이내에, 신축할 예정인 건물은 건축허가를 받은 날부터 30개월 이내에, 공사 중인 건물은 매입한 이듬해 12월 31일까지 준공이 완료되어야 신축건물로 간주한다. 피넬법이 신축건물 매입을 강조하는 이유는 적정가격으로 적정수준의 주거환경을 담보하기 위해서이다. 동시에 관리비를 절감

---

16 예를 들어, 파리(Zone Abis)에 위치한 매매가 280,000유로의 주택을 매입하고 최소임대기간을 9년으로 설정하면 280,000유로의 18%, 즉 총 50,400유로, 연간 5,600유로의 세금 감면 혜택을 받을 수 있다.
17 RT2012는 Réglementation thermique française의 약자로 2012년 프랑스 정부가 공표한 에너지효율 관련 규제기준이다.

하고 에너지 효율을 높이는 데 주안점을 두고 있다.

넷째, 피넬법이 적용되는 지역분류체계를 살펴보겠다. 피넬법은 기본적으로 2014년 10월 주택부 조례에 따라 수정된 지역분류체계(Zonage A/B/C)[18]에 기초하나 앞서 간략히 언급했듯이 그 원형은 2003년 수립된 로비앙법에 있다. 로비앙은 주택시장의 위기 또는 긴장tension의 수준을 나타내는 지표로 지역부동산시장의 수급불균형 정도를 설정하고, 이를 기준으로 프랑스 전역을 5개 지역(A, Abis, B1, B2, C)으로 구분했다. 일명 임계지역zone tendue은 규모와 가격 면에서 수요가 공급을 넘어서는 지역을, 완화지역zone detendue은 수요와 공급이 상대적으로 일치하는 지역을 말한다. 로비앙은 지역분류체계에 따라 임대료 상한선과 임차인 소득 수준을 차등 제한함으로써 특정지역에 거주하는 특정계층을 위한 민간임대주택 공급확대를 유도한다.

2019년 개정된 피넬법[19]은 로비앙법이 제시한 지역분류체계를 수정했다. 먼저, 하위 두 등급(B2, C)이 축소되거나 삭제되었다. B2등급으로 지정된 레지옹이나 데파르트망에 소속된 꼬뮌의 경우 수급불균형이 극심하거나 피넬법 적용을 위한 지자체 승인을 받아야 한다는 추가조건을 달아 법 적용요건을 강화했다. 또한 프랑스 전역의 1,200여 개 꼬뮌이 분류체계 내에서 등급 재조정을 받았다. 대표적으로 민간임대주택 수요가 높은 중남부 지역에 위

---

18 각주 8의 출처와 동일.
19 Loipinel.fr 피넬법에 대한 정보를 제공하는 비공식 홈페이지 내용을 참조.
    https://loipinel.fr/zones-loi-pinel(접속일 2019년 9월 5일).

치한 리옹과 마르세이유 레지옹의 경우 A등급으로 디종이나 르아브르처럼 B2에 있는 도시는 B1으로 상향조정되었다. 기존에 C등급에 속했던 600여 개 도시는 B1 또는 B2로 변경되고 C등급은 삭제되었다.

정리하자면, 피넬법의 주요 내용은 규제(임대료 상한선, 임대료 상승분 제한, 임차인 소득 수준 제한, 최소임대기간 등)와 혜택(세금 감면)으로 구성된다. 그 외 정책의 목표와 대상을 중심으로 피넬법의 규제와 혜택이 지닌 함의에 대해 짚어보겠다.

첫째, 피넬법이 규제와 혜택을 통해 추구하고자 하는 목적은 지역 특성을 반영하여 주택의 수급불균형을 해소하자는 것이다. 2015년 주택공급계획2015 Le Plan de Relanche du Logement[20]과 피넬법은 연동한다. 정책적으로 산정된 공급물량은 계층별로 배분되는 것이 아니라 지역분류체계에 따라 차등 배분된다. 피넬법이 임대료 상한선을 두고 있다 하더라도, 공급이 부족한 대도시에 자리한 신축건물의 임대료는 농촌 지역에 있는 동일면적의 신축건물 임대료보다 높을 수밖에 없으므로, 일정 수준 이상의 임대료 지불능력이 갖춰진 계층을 대상으로 한다. 즉, 피넬법의 정책 대상이 빈곤층으로 설정되지 않은 이유는 정책 목적에서 기인한다.

둘째, 피넬법은 민간임대주택 공급 활성화에 주목적을 두는데, 여기서 민간임대주택이란 무엇을 의미하는지 짚어볼 필요가 있

---

20   2015년 주택공급계획(2015 Le Plan de Relance du Logement)은 연간 주택 공급 총량 50만 호 중에서 15만 호를 임대주택으로 공급할 것을 선포했다.

다. 피넬법에서는 임대용으로 매입한 신축건물이라는 요건뿐만 아니라 건축물의 규모에 관해서도 간접적으로 규정하고 있다. 주택 규모에 대한 직접적인 제한은 없으나 대신 면적을 기준으로 세금 감면 혜택의 상한선을 두어 간접적으로 규모를 제한한다. 임대료를 계산하기 위한 수식[월임대료＝A×(0.7＋19/S)][21]을 참고하면 같은 용도지역에 자리한 주택 중 면적이 넓을수록 임대료 상한선이 낮아지도록 하여 중소규모의 주택매입을 매입할 가능성이 커지게 설계되었다. 수식에서 A는 지역분류체계에 따른 월임대료 상한선이고 S는 주택 총면적이다.

표 3 주택 단위면적당 월임대료 상한선

(단위 : €)

지역 구분	주택 단위면적당(m^2) 월임대료 상한선		
	2017	2018	2019
Zone Abis	16.83	16.96	17.17
Zone A	12.5	12.59	12.75
Zone B1	10.07	10.15	10.28
Zone B2	8.75	8.82	8.93

자료 : Loipinel.fr 피넬법에 대한 정보를 제공하는 비공식 홈페이지. 내용을 표로 재구성.
https://loipinel-gouv.org/conditions-loi-pinel/plafonds-loyer-pinel.php(접속일 2019년 9월 5일)

....

21 Agence Nationale pour l'information sur le Logement(ANIL) 주택 관련 정보를 제공하는 중앙정부 공식 홈페이지로 피넬법의 임대료 계산 수식에 대한 정보를 얻을 수 있다. 면적당 월임대료＝A x (0.7＋19/S) 여기서 A는 용도지역에 따른 수치이고, S는 주택 총면적이다.
https://www.anil.org/votre-projet/vous-achetez-vousconstruisez/investissement-locatif/reduction-dimpot-pinel/(접속일 2019년 3월 4일).

표 4 주택 단위면적당 월임대료 상한선

(단위 : €)

지역 구분	주택 단위면적당(m²) 월임대료 상한선		
	2017	2018	2019
Zone Abis	16.83	16.96	17.17
Zone A	12.5	12.59	12.75
Zone B1	10.07	10.15	10.28
Zone B2	8.75	8.82	8.93

자료 : Agence Nationale pour l'information sur le Logement(ANIL). Présentation de la réduction d'impôt pour investissement locatif 《Pinel 주택 관련 정보를 제공하는 중앙정부 공식 홈페이지. 내용을 토대로 표 재구성》
https://www.anil.org/votre-projet/vous-achetez-vous-construisez/investissement-locatif/reduction-dimpot-pinel/(접속일 2019년 9월 5일)

표 5 2019 피넬법 임차인 연소득 제한

(단위 : €)

지역 구분	임차인 가구 유형						
	1인	부부	부부+ 자녀 1	부부+ 자녀 2	부부+ 자녀 3	부부+ 자녀 4	추가 부양자당
Zone Abis	37,126	55,486	72,736	86,843	103,326	116,268	12,954
Zone A	27,126	55,486	66,696	79,893	94,579	106,431	11,859
Zone B1	30,260	40,410	48,596	58,666	69,014	77,778	8,677
Zone B2	27,234	36,368	43,737	52,800	62,113	70,000	7,808

자료 : Agence Nationale pour l'information sur le Logement(ANIL). Présentation de la réduction d'impôt pour investissement locatif 《Pinel 주택 관련 정보를 제공하는 중앙정부 공식 홈페이지. 표 재구성》
https://www.anil.org/votre-projet/vous-achetez-vous-construisez/investissement-locatif/reduction-dimpot-pinel/(접속일 2019년 9월 5일)

표 6 2014 피넬법 임차인 연소득 제한

(단위 : €)

지역 구분	임차인 가구 유형						
	1인	부부	부부+ 자녀 1	부부+ 자녀 2	부부+ 자녀 3	부부+ 자녀 4	추가 부양자당
Zone Abis	36,831	55,045	72,159	86,152	102,503	115,344	12,851
Zone A	36,831	55,045	66,169	79,257	93,826	105,584	11,764
Zone B1	30,019	40,089	48,210	58,200	68,465	77,160	8,608
Zone B2	27,017	36,079	43,389	52,380	61,619	69,443	7,746

자료 : Le site officiel de l'administration française Réduction d'impôt pour investissement
locatif(dispositifs Duflot/Pinel) 프랑스 행정부 공식 홈페이지. 민간매입임대주택 투자
를 유도하기 위한 세금 감면: 뒤플로법-피넬법의 정책수단. 표 재구성
https://www.service-public.fr/particuliers/vosdroits/F31151(접속일 2019년 9월 5일)

표 7 임대차 계약기간에 따른 세금 감면 비율

(단위 : %)

임대차 계약 기간		세금 감면 비율	연간 분할납부 비율
초기 6년	초기 6년	12%(36,000€까지)	연간 2%
	최초 3년 연장	6%(54,000€까지)	연간 2%
	두 번째 3년 연장	3%(63,000€까지)	연간 1%
초기 9년	초기 9년	18%	연간 2%
	최초 3년 연장	3%	연간 1%

자료 : Loipinel.fr 피넬법 정보를 제공하는 비공식 홈페이지
https://loipinel.fr/zones-loi-pinel(접속일 2019년 9월 5일)

표 8 취득 형태에 따른 임대용 주택의 건설 마감 시한

임대용 주택 취득 형태	임대용 주택의 건설마감시한
완공예정 주택건설	계약체결 후 30개월 이내
건설예정 주택	건축 허가를 받은 후 30개월 이내
공사 중 주택	주택매입 후 이듬해 12월 31일까지

자료 : Ministère de la Cohésion des territoires et des Relations avec les collectivités
territoriales. Dispositif Pinel. 프랑스 지자체 간 협력과 국토통합부 공식 홈페이지. 피넬
법의 정책수단: 내용을 표로 재구성
https://www.cohesion-territoires.gouv.fr/dispositif-pinel(접속일 2019년 9월 5일)

표 9 에너지효율 법적기

주택 유형 구분	에너지효율 법적기준
신축 또는 건설 예정	RT2012 또는 BBCc2005
재건축 대상	HPE 2009 또는 BBC 2009

자료 : Ministère de la Cohésion des territoires et des Relations avec les collectivités territoriales. Dispositif Pinel. 프랑스 지자체 간 협력과 국토통합부 공식 홈페이지. 피넬 법의 정책수단. 내용을 표로 재구성
https://www.cohesion-territoires.gouv.fr/dispositif-pinel(접속일 2019년 9월 5일)

자료 : Loipinel.fr 피넬법에 대한 정보를 제공하는 비공식 홈페이지
https://loipinel.fr/zones-loi-pinel(접속일 2019년 9월 5일)

그림 3 피넬법의 4대 전략

4. 피넬법의 향후 과제

	1단계 : 주택 매입	2-1단계 : 임대	2-2단계 : 세금 감면	3단계 : 최소임대기간 이후
입지에 따른 혜택	• 자산 없이 자가 소 유 기회	• 가족 친지에게 임 대 가능	• 임대차계약기간에 따라 12%(최소 6 년)에서 21%까지 소득세 감면 혜택 부과	• 거주 또는 임대 유 지 또는 전매 • 은퇴자금으로 활용 가능
입지에 따른 제한	• 30만 유로까지 투 자금 제한 • m²당 최대 5천 5백 유로 투자금 제한 • 신축건물에 한 해 투자 가능 • 신축건물은 에너지 효율 관련 법규정 준수	• 임대료 상한선(수익 성 제한) • 입차인 소득 제한 • 매입 후 12개월 내 임대 의무 • 가구 없이 임대 • 임대차계약기간 최 소 6년부터 최대 12 년까지		• 세금 감면액 미불 금이 최대 6만 3천 유로 미만인 주택 에 한 해 전매 가능

자료 : Le site officiel de l'administration française Réduction d'impôt pour investissement locatif (dispositifs Duflot/Pinel) 프랑스 행정부 공식 홈페이지. 민간매입임대주택 투자를 유도하기 위한 세금 감면 : 뒤플로법-피넬법의 정책수단. 내용을 토대로 재구성
https://www.service-public.fr/particuliers/vosdroits/F31151(접속일 2019년 9월 5일)

그림 4 피넬법의 단계별 세부내용

2003년 로비앙법부터 2019년 피넬법에 이르기까지 일련의 법 제·개정은 사회적 배제가 도시공간적으로 드러나는 현상에 맞서 지역분류체계를 활용하여 계층혼합을 시도한 제도개혁으로 읽을 수 있다. 실상 1950년대부터 1970년대까지 본격화되었던 도시외곽의 그랑 장상블 건설은 계층에 따른 공간분리의 상징적 장소가 되었다. 그리고 2000년 SRU법이 임대주택건설 최소의무비율 강화를 통해 각 지자체 전체 주택수의 20%를 사회주택으로 공급하도록 강제했으나 이 또한 도심 접근성을 고려한 입지 전략이 뚜렷

하게 드러나지는 않았다. 2003년 로비앙법 제정은 기존의 사회주택 건설 위주의 주택정책에 차상위계층 또는 중산층을 위한 매개주택을 공공이 아닌 민간을 통해 공급하는 노선을 추가했다는 의미를 지닌다. 또한 로비앙법은 조세감면규제법의 일종으로서 민간사업자의 투자 유도를 위한 세금 감면 혜택을 전면에 내세우고 있다. 그러나 동법이 흥미로운 지점은 사실 세금인센티브가 지역분류체계에 의해 통제되고 있다는 점이다. 이러한 결합체계는 로비앙법의 연장선상에서 제정된 2014년 피넬법에서도 찾아볼 수 있다. 피넬법 또한 그 근간에는 계층혼합을 위해 어느 곳에 임대주택을 공급해야 하는지의 문제, 즉 매개주택, 보다 구체적으로는 민간매입임대주택 공급의 입지 문제가 자리하고 있다. 이렇게 사회통합이라는 목적을 도시계획수단을 통해 공간적으로 풀어가려는 시도야말로 피넬법의 핵심이다.

그러나 피넬법 또한 본래 의도와는 달리 지역적 수급불균형이 쉽사리 해소되지 않아 몇 차례 지역분류체계의 재조정 절차를 겪고 있다. 여기서 피넬법이 다루고자 하는 도시 문제를 되짚어보면 다음과 같다. 밀집한 도시일수록 주택수요가 높으나 정부가 직접 개입을 통해 이를 해결하기란 어렵다. 지구지정을 통해 도심에 공공임대주택을 공급하기에는 가용토지와 재원이 부족하다. 그렇기에 피넬법은 민간의 임대사업 참여가 중요하고 투자를 유도하기 위해 주택매입금액의 일부분을 돌려주는 방식으로 초기투자금을 줄여주고, 매입주택이 속한 지역등급에 따라 민간사업자에게 세금 감면 혜택을 차등 부과하고 있다. 다만 문제는 이러한 분류체계 사체가 충분히 세분화되지 못했다는 데 있다. 예를 들어, A등급에 속한 일 드 프랑스 안에는 다수의 꼬뮌이 존재하나 동일 지역 내 꼬뮌 간 수급불균형 격차는 간과되고 있다. 결국 피넬법의 혜택을 극대화하기 위해 동일 지역 내에서도 지가가 낮아 초기비용이 적게 들지만, 임대료는 비슷한 수준으로 받을 수 있는 구역에 투자가 집중되기 쉽다. 정리하면, 지역 간 격차는 언급하고 있으나 지역 내 격차는 아직 향후 과제로 남아 있다는 말이다. 이에 하나의 지역을 5~10개 내외로 재분류하여 본래 의도대로 수요가 높은 도심에 투자를 유도하고, 도시 외곽지역에 게토가 발생하지 않도록 구체적인 방안 마련이 필요하다. 그 외 지역분류체계의 기준 설정 시 대중교통과 서비스 접근성을 또 다른 독립변수로 활용하는 방안을 고려할 수 있다.

5. 시사점

저소득층을 위한 대규모 공공임대 주택단지 건설은 반세기 이상 프랑스 주택정책의 주요 축을 담당했다. 그러나 도시공간구조를 충분히 고려하지 않고 주택소요에만 초점을 맞춘 공급정책은 사회적 배제를 조장했고 그랑 장상블의 슬럼화 및 게토화로 이어졌다. 이에 2000년대 이후 지역분류체계를 도입하여 공간적 계층혼합을 강조하고 세금인센티브를 통해 정책 대상을 차상위계층과 중산층으로 확대하는 방향으로 주거복지정책의 폭이 확장되는 추세이다. 3기 신도시 지정 및 건설이 시작되는 현시점에서 공공주도의 신도시 건설과 도심 접근성을 강조한 공공지원 민간매입 임대공급, 두 정책이 병행되고 있는 프랑스 주거복지정책은 사회통합의 공간적 차원, 즉 입지전략을 다양한 방식으로 재고할 필요가 있다는 시사점을 준다.

:: 참고문헌

논문

이성근·최민아(2016), 2000년 이후 프랑스 사회주택 지원제도 및 공급 특성연구, 대한건축학회 논문집-계획계, 32(7):37-46.

Dikeç. M. (2007), Revolting Geographies: Urban Unrest in France, Geography Compass. 1(5):1190-1206.

Peppercorn. I & Taffin. C. (2013), Rental housing: lessons from international experience and policies for emerging markets, Washington: World Bank, pp.87-92.

Ponce. J. (2012), Affordable housing and social mix: comparative Approach, Journal of Legal Affairs and Dispute Resolution in Engineering and Construction, 2(1):31-41.

단행본

Lefebvre, H. 2003 [1970]. The urban revolution (R. Bononno, Trans) Minneapolis: University of Minnesota Press.

웹문서

Agence Nationale pour l'information sur le Logement(ANIL) 주택 관련 정보를 제공하는 중앙정부 공식 홈페이지.
https://www.anil.org/votre-projet/vous-achetez-vousconstruisez/investissement-locatif/reduction-dimpot-pinel/(접속일 2019년 9월 5일).

Legifrance. Le service public de la diffusion du droit. Loi n° 2014-626. 프랑스 국가법령정보센터 홈페이지.
https://www.legifrance.gouv.fr/affichTexte.do?cidTexte＝JORFTEXT000029101502&categorieLien＝id(접속일 2019년 9월 5일).

Legifrance. Le service public de la diffusion du droit. Code de la construction et de l'habitation. 프랑스 국가법령정보센터 홈페이지.
https://www.legifrance.gouv.fr/affichCodeArticle.do?cidTexte＝LEGITEXT000006074096&idArticle＝LEGIARTI000006824718& dateTexte＝(접속일 2019년 9월 5일).

Le site officiel de l'administration française Réduction d'impôt pour investissement locatif(dispositifs Duflot/Pinel) 프랑스 행정부 공식 홈페이지. 민간매입임대주택 투자를 유도하기 위한 세금 감면: 뒤플로법-피넬법의 정책수단. 내용 참조.

    https://www.service-public.fr/particuliers/vosdroits/F31151(접속일 2019년 9월 5일).

Loipinel.fr 피넬법에 대한 정보를 제공하는 비공식 홈페이지.

    https://www.pinel-loi-gouv.fr/zones-tendues-loi-pinel/(접속일 2019년 9월 5일).

Ministère de la Cohésion des territoires et des Relations avec les collectivités territoriales Le DALO : un droit instauré depuis 2007. 프랑스 지방자치단체 간 협력과 영토적 연대 부 공식 홈페이지.

    http://www.cohesion-territoires.gouv.fr/le-droit-au-logement-opposable-dalo (접속일 2019년 9월 5일).

법령

Loi n° 2014-1654 du 29 décembre 2014-art. 5 (V)

Loi n° 2007-290 du 5 mars 2007 instituant le droit au logement opposable et portant diverses mesures en faveur de la cohésion sociale.

Loi n° 91-662 du 13 juillet 1991 d'orientation pour la ville.

네덜란드 임대 부문의
수평적 · 수직적 형평성

사회주택, 주택점수제, 주거비 보조의 연계 작동 원리와 효과

네덜란드 임대 부문의 수평적·수직적 형평성

- 사회주택, 주택점수제, 주거비 보조의 연계 작동 원리와 효과 -

1. 서 론

2015년 서울시의 〈사회주택 활성화 지원 등에 관한 조례〉 제정을 필두로 '사회경제적 약자를 대상으로 사회적 경제 주체에 의해 공급되는 임대주택'이라는 의미의 사회주택이 전국으로 확산되고 있다. 법률은 아직 국회에 계류 중이지만, 시흥시, 전주시, 고양시, 부산광역시, 부산 중구, 부산 동구에서 조례가 제정되었고, 경기도 조례도 곧 제정될 예정이다. 이에 따라 비영리[1] 민간 조직이 공공성을 띤 주택을 공급하는 사례로 네덜란드와 오스트리아 등의 사례가 주목을 받고 있다.

2000년대부터 네덜란드는 사회주택의 비중이 세계에서 가장 큰 나라로 한국에 소개되었으나, 사회주택과 함께 네덜란드의 주거 체제Housing Regime를 이루는 주요 요소인 '임대료 규제'와 '주거비

---

1   이 글에서는 일반적인 비영리 외에도 '제한 영리'까지 포함한 넓은 의미이다.

보조' 제도에 대해서는 잘 알려져 있지 않다. 한국에서도 '주거급여'나 '주거바우처'의 이름으로 제한적으로 운영되고 있는 주거비 보조 제도는 개념 자체는 낯설지 않으며, 많은 국가들의 사례가 국내에 소개되고 연구 결과도 축적되어 있다. 임대료 규제 제도는 시민사회단체에서도 '전월세 상한제'나 '계약갱신청구권' 등을 통해 지속적으로 이슈화되었고 2020년 7월에는 31년 만에 2년의 계약기간에 2년을 더 연장할 수 있도록 법 개정이 이루어졌지만, 독일이나 뉴욕의 임대료 규제 제도 등이 간간히 단편적으로 소개되고 있을 뿐 아직까지는 '먼 나라 이야기'로 느껴지며, 주거체제론적 관점에서의 접근은 찾기 힘들다.

이 글의 주목적은 네덜란드 주거체제의 바탕이 되는 현물보조 − 현금보조 − 가격규제 순환회로의 작동원리를 설명하는 것이다. 이를 위해 네덜란드의 임대 부문의 성격을 특징짓는 3요소인 1) 사회주택, 2) 주택 점수제 및 이를 통해 운영되는 규제 부문의 임대료 규제, 3) 주거비 보조제도를 소개한다. 다음은 이들의 연계 작동원리를 분석하고, 입주자와 공급자에게 미치는 효과를 살펴본다. 마지막으로 한국에 주는 시사점을 간략히 제시할 것이다. 네덜란드의 단일모델Unitary Model적 성격에 대한 본격적인 주거체제론적 분석과 한국의 주거체제의 전환에 대한 논의는 추후 과제이다.

2. 네덜란드 사회주택의 개념

네덜란드 헌법에서는 적절한 주택의 공급을 공공당국이 촉진할 것을 언급하였으며, 주택법의 관련 시행령BTIV[2]에서는 사회주택 공급·운영자인 주택협회의 요건과 의무를 규정하였다. 그러나 정작 사회주택이라는 용어에 대한 통일된 정의는 없다. 정부 홈페이지의 설명도 제각각이다. "시장에서는 필요한 주택을 마련하기 어려운 계층에게 부담 가능한 수준의 비용으로 민간이 자발적으로 공급한 양호한 품질의 주택" 또는 "주로 **주택협회**가 소유한 저렴한 가격의 임대주택"[3]으로 소개하기도 하나, 제일 간결한 설명은 "**규제 부문**의 임대료 수준 이하의 주택"[4]이다.

위의 사회주택에 대한 설명에는 한국에 생소한 두 가지 개념이 등장한다. '주택협회'와 '규제 부문'이다. 한국에 소개된 용어인 '주택협회'는 네덜란드어 보닝코포라시Woningcoporatie를 영어로 옮길 때 'Housing Association'으로 번역한 것에서 유래하였으나, 한국에서 흔히 협회라 할 때 떠올리는 '회원을 거느린 조직'이라기보다는 주택'결사'체의 의미에 해당한다. '민간 조직이지만 사회적 취지를 추구한다'는 점에서는 한국의 '사회적 기업'과 유사한 성격을 보이나, 배당이 불가한 점 등에서는 차이가 있다. 초기에는 사단법인의 형태도 많았으나 지금은 재단의 형태인 경우가 대부

---

2 BTIV : Besluit Toegelaten Instellingen Volkshuisvesting, 인가된 사회주택 공급 조직 관리령(강빛나래, 2018). 과거 BBSH : Besluit Beheer Sociale Huursector, 사회 임대 부문 관리령.

3 https://www.rijksoverheid.nl/onderwerpen/huurwoning/vraag-en-antwoord/sociale-huurwoning-voorwaarden

4 https://www.government.nl/topics/housing/rented-housing

분이고, 구체적인 법적 요건과 경영상의 특징이 일치하는 용어로 번역하기는 다소 힘든 조직이다. 다소 생소하지만 '주택협회'로 계속 부르는 이유다.

네덜란드 전국적으로는 약 300개의 협회가 에이데스Aedes라는 전국연합회에 소속되어 있으며, 구체적인 주택 공급 계획은 권역별 연맹체가 지방정부와 진행한다. 암스테르담의 경우 9개 주택협회[5]가 암스테르담 주택협회연맹Amsterdamse Federatie van WoningCorporaties: AFWC을 결성하여 연맹 차원에서 암스테르담 시정부와 '수행협약'을 맺고 약 19만 호의 주택을 공급·관리·운영한다.

'규제 부문'은 '주택점수제'에 따라 주택에 점수를 매기고, 이 점수에 연동하여 점수별 임대료 상한선을 매년 고시하는 부문으로, 다음 장에서 자세히 살핀다. 통상적으로 네덜란드에서 사회주택이라 함은 '공급 주체'를 기준으로 주택협회들이 공급하는 주택들로 간주한다(다음 표 1의 A＋C＝230만 호). 그런데 앞서 정부의 기준에 따라 따지면, 소유주체와 무관하게 '규제 부문에 속하는 주택'이 사회주택인 것이다(다음 〈표 1〉의 A＋B＝240만 호). 그럼에도 일상에서는 임대료 규제 여부가 아닌 공급 주체 중심으로 사회주택이 논의되는 이유는 △비규제 부문에 속한 경우라 해도 주택협회가 보유한 주택들은 가격이 대체로 그렇게 비싸지 않으며 △각 연도의 통계수치마다 세부내역에서 조금씩 차이를 보여 차이를

---

5 와이미어, 에이헌 하르트, 스타드흐노트, 드 키, 로쉬데일, 디 알리안씨, 본조르흐, 하비옹, 뒤 보(Ymere, Eigen Haard, Stadgenoot, De Key, Rochdale, De Alliantie, Woonzorg, Habion, DUWO).

계산하기 쉽지 않으나, 결국 두 경우(230만 호와 240만 호)의 수치의 차이가 크지 않고 △어차피 사유Private 부문은 주로 비규제 부문에 주택을 공급하고 규제 부문은 주택협회가 주로 담당하기 때문이다.

따라서 현실에서는 이 두 부분(〈표 1〉의 A＋B＋C의 어두운 부분), 즉 규제 부문에 속하는 주택과 사회 부문에 속하는 주택이 혼동되어 모두 사회주택이라고 불리는 셈이지만, **엄밀하게는 '사회 부문', 즉 공급 주체가 아니라 '규제 부문', 즉 임대료 규제 부문에 속하느냐가 사회주택의 기준이다.**

표 1 네덜란드 임대 부문의 구성(2015)

(단위 : 호, %)

구분	사회 부문 (social sector)	사유 부문 (private sector)	계
규제 부문	(A) 220만(76%)	(B) 20만(7%)	240만(83%)
비규제 부문	(C) 10만(3%)	(D) 40만(14%)	50만(17%)
계	230만(79%)	60만(21%)	290만(100%)

자료 : Conijn J.(2017)

주택의 배분 측면을 보면, 주택협회가 공급하는 규제 부문의 주택은 '주 대상 집단main target group'에게 90% 이상에게 공급해야 하는 의무가 있다. 구체적으로는 연소득 38,035유로 이하 가구에게 80% 이상, 38,035 유로와 42,436 유로 사이 가구에게 10% 이하로 공급해야 한다.[6] 이는 취약계층을 위해 비영리조직이 공공재정의

----

6   이상의 소득기준 외에도 건강이나 긴급피난 등 사회적 기준에 따른 입주 우선순위제도가 운용된다.
     https://www.rijksoverheid.nl/onderwerpen/woningcorporaties/toewijzen-

지원을 받아 공급하는 주택으로서, 목적(대상), 소유 주체, 재정 분담 기준에 따른다는 사회주택의 정의(King, 2009)에 부합한다. 임대료 책정방식, 배분방식, 목적 기준에 따른 사회주택의 정의(Haffner et al., 2009)를 적용하는 것도 가능하다. 시장가격보다 낮게, 주택소요에 부응하여, 지역재생/사회통합 등을 목적으로 공급하기 때문이다. 두 번째 정의는 우리나라의 공공주택에도 해당하는 바, 그동안 네덜란드의 사회주택을 한국에 소개할 때 '공공임대주택'이라 표현하거나, 해외의 학자들이 한국을 방문해서 '소셜하우징'을 보자고 했을 때 공공주택을 소개해도 별 무리가 없었던 배경이다. 한국의 공공주택이나 네덜란드의 사회주택이나 "주택시장 내 양질의 주택에 접근할 수 없는 가구의 소요를 만족시키기 위한 주택 유형form"(Oxley, 2009, p.2)이라는 점은 동일했고, 공급 주체가 공공이냐 비영리 민간(혹은 사회) 부문이냐는 차이였을 뿐이다.

네덜란드의 사회주택은 1901년 주택법Woningwet 제정 이전인 19세기 말부터 민간의 자발적인 결사체들이 크게 사회민주주의와 기독교박애주의의 두 흐름을 형성하며 주택 문제의 해결에 나선 것에 기원한다. 한국에서는 '사회적 경제' 부문이 부상하며 협동조합이나 사회적 기업 등이 주택 공급에 관심을 가지고 참여하기 시작한 2010년대 중반을 경과하면서, 공급 주체로서 '비영리 조직'(또는 제한영리 조직)인 네덜란드의 주택협회에 대한 관심이 늘어났으며 많은 자료들이 소개되었다.[7] 그러나 네덜란드의 주

betaalbare-woningen

거체제를 이해하기 위해서는 공급 주체 외에도 이 '규제 부문'의 작동원리에 대한 파악이 필수적이다.

3. 규제 부문과 주택점수제

네덜란드 주택 중 임대 부문은 모두 정부의 주택점수제의 적용을 받는다. 정부가 점수별로 고시하는 임대료 상한선 중 일정 기준 이하가 규제 부문으로서, 이 부문에 속할 경우 각 점수별로 고시되는 정부의 임대료 상한선을 반드시 준수해야 한다. 이는 일반 주택이 아닌 주거용 캐러밴이나 노점에도 해당된다.[8] 비규제 부문에도 점수와 이 점수에 따른 임대료 기준이 있지만 이는 가이드라인일 뿐 의무사항은 아니며, 구체적 계약조건은 사인私人 대 사인 간의 자유계약의 원리를 따른다.

일반적인 주택의 점수는 40점부터 250점까지 분포하며, 이에 대응하는 임대료 상한선은 매년 7월 1일 정부가 발표한다(부록1 참고). 규제 부문 기준이 되는 임대료는 2019년 기준 720.42유로이다.[9] 점수 기준으로는 141점(상한선 715.92유로에 해당) 이하의 주택이 규제 부문에 속한다. 142점(726.59유로의 권고기준에 해당) 이상의 주택은 비규제 부문, 혹은 자유 부문에 속하여 임대료 상한선의 적용을 받지 않는다. 그런데 주택협회들은 상한선 수준

---

7   아우버한트/주택발전소(2005), 〈가난한 사람들을 위한 부동산 개발〉 이후 김혜승 외 (2013) 등 많은 보고서에서 다루었다.
8   https://www.rijksoverheid.nl/onderwerpen/huurprijs-en-puntentelling
9   https://www.rijksoverheid.nl/onderwerpen/woningcorporaties/toewijzen-betaalbare-woningen

으로 임대료를 받을 때도 있지만, 자발적으로 70% 수준으로 임대료를 책정하는 경우도 있다. 실제로 앞서 에이데스Aedes(주택협회 전국연합회)의 경우 소속 회원조직의 주택임대료는 평균적으로 상한선의 72% 수준을 유지하고 있다.[10] 이는 비인기지역의 경우 규제 부문의 사적 임대 부문도 임대료 수준이 낮으면 이와 경쟁하기 위해서이기도 하고, 운영 시 필요에 따라 신축적으로 임대료를 인상할 수 있는 여지를 남겨두기 위함이기도 하다. 그러나 애초에 주택협회들이 '부담 가능한 주택을 공급한다'는 것을 조직의 사명으로 삼았기에 가능한 일이다.

주택의 점수는 크게 11개 분야의 배점 항목에 따라 정해진다. 구체적으로 1) **실거주 공간 면적**은 제곱미터당 1점(거실, 침실, 부엌, 욕실 등), 2) **기타 부대 공간 면적**은 제곱미터당 0.75점(간이부엌, 창고, 다락, 차고 등), 3) **난방**이 되는 방(공간)의 개수에 따라 실거주 공간은 개당 2점, 부대 공간은 개당 1점이다. 4) **에너지 효율**에 대한 배점은 에너지 등급 기준 A＋에서부터 G까지의 8단계로, 단독등기주택은 0점부터 최대 44점, 구분등기주택은 0점에서 최대 40점이다. 에너지 등급 기준이 없는 주택의 경우 건축연도 기준으로 2002년 이후에서 1976년 이전 건축물의 8단계마다 36에서 0점이 부여된다. 구분등기주택은 연도 기준은 동일하나 배점은 32점에서 0점으로 조금씩 낮다. 5) **주방**의 경우, 부엌 조리대 길이가 배점 기준이다. 6) **욕실 및 화장실**은 변기, 세면대, 샤워기, 욕조 등에 대해 각각 배점이 있다. 주방과 욕실은 마감재 품질에 따

10   https://www.aedes.nl/algemeen/over-aedes#About

라 최대 2배까지 배점을 상향 조정하는 것이 가능하다. 7) **유니버설 디자인**은 장애인 거주를 위한 편의시설과 안정장치에 따라 배점을 하는데, 특성상 물리적 규격이 아니라 투자금액 226.89유로당 1점이다. 8) **외부공간**은 해당 주택 전용으로 사용하는 경우에만 25제곱미터 미만은 2점, 이후 면적에 따라 15점이 배정되었는데, 사적 외부 공간이 없을 경우는 0점이 아니라 감점(5점)이 되지만, 간이 차양막이 있을 경우에는 2점을 부여하는 것이 특징이다. 9) **입지조건에 따른 정성적 가치**를 반영하기 위해서는 개별주택 공시가격을 반영하는 복잡한 산식이 있다. 또한 개보수를 통한 전반적인 주택 품질의 상태를 파악하여 반영하기도 한다. 10) **돌봄주택의 특수설비**나 11) **문화재 지정**의 경우에는 별도 세분화된 배점은 없고, 해당 여부에 따라 바로 고정점수가 주어진다(부록 2 참고).

개별 세입자들이 자신의 집의 점수를 쉽게 파악할 수 있도록 위의 배점표는 공개되어 있으며, 임대료 분쟁의 예방·중재·조정을 위해 설치된 독립기관인 임대료위원회Huurcommissie의 누리집[11]에서는 세입자가 직접 해당 항목들을 입력하면 현 거주지의 주택 점수를 계산해주는 서비스를 운영하고 있다(부록 3 참고).

----

11 https://www.huurcommissie.nl/onderwerpen/huurprijs-en-punten/huurprijscheck-en-puntentelling/

4. 주거보조비(Housing Allowance, *huurtoeslag*)

네덜란드는 제2차 세계대전 후 심각한 주택난으로 임대료를 통제하였다. 1960년대 전후복구가 마무리되면서 임대료 통제를 해제한 뒤 급격한 임대료 상승에 직면하자, 1970년에는 주거비 보조제도를 한시적 운영 예정으로 도입한다. 이후 석유파동을 거치며 저소득층의 주거비 부담이 심화됨에 따라 1975년부터 확대되어 주택정책의 주요 수단으로 자리 잡았으며, 1986년 〈주거보조비법〉을 통해 명시적으로 법제화되었다.

이 제도에는 도입 초기부터 지금까지 이어져오는 몇 가지 명확한 특징이 원칙처럼 자리 잡았다. 먼저 대상 계층에 대해 예산제약 없이 지급한다. 둘째, 임대 부문의 80% 정도를 차지한 주택협회의 주택이든, 나머지 20%에 해당하는 영리조직의 주택이든 상관없이 모든 임대주택을 대상으로 한다. 셋째, 1년 단위로 (재)신청 및 지급한다. 넷째, 지급액수는 세입자의 가구소득과 임대료의 수준에 따라 산정한다. 대체로 임대료가 비쌀수록, 가구소득이 적을수록 주거보조비를 많이 받을 수 있다. 구체적인 기준과 운용방식은 정부의 재정 여건과 정치적 논쟁에 따라 다소간의 변화를 겪었다. 1997년부터는 '계층분리segregation' 방지가 목표로 추가되어, 신규 주택지구에 저소득층도 거주하는 계층혼합social mix에 기여하였다. 수혜계층은 점차 증가하여(표 2), 전체 가구의 30%에 이른다(Priemus & Elsinga, 2007).

수급 희망 가구는 작년 소득 기준과 현 거주지 임대료 등의 기본 내역을 신고해야 한다. 주거보조금은 실제 신고한 내용에 따라 국세청에서 우선 지급하고 사후 검증하나, 부정수급 적발 시 회수 및 벌금 부과가 가능하다. 주택이 규제 부문에 속할 경우 주택협회 소유인지 개인의 사적 소유인지와 무관하게 모두 지원 대상이며, 수급 자격은 간소화되는 경향이다. 과거에는 신청 자격이 되는 임대료 기준이 가구원수에 따라 달랐으나, 2015년부터는 소득기준만 만족하면 가구원수와 무관해졌고 규제 부문에 속하는 주택이기만 하면 된다. 매년 조금씩 상향조정되던 소득기준은 2019년까지 1인 가구는 연 소득 22,700유로 이하, 다인 가구는 30,825유로 이하만 신청 가능하였으나, 2020부터는 소득 기준이 폐지된다.[12] 즉, 규제 부문 거주자는 '누구나' 신청 가능하게 되었다. 소득 기준연도와 지급연도의 시차 때문에 신청연도의 소득이 나중에 기준을 조금만 초과해도 부정수급으로 간주되어 벌금이 부과되고, 이미 받은 보조금을 반납해야 하는 경우가 잦아지는 부작용은

표 2 주거보조비 집행 내역과 수급가구 비중 등 통계 추이

구분	1975년	1980년	1985년	1990년	1995년	2000년
수급 가구 수	348,320	455,864	777,692	953,000	922,300	991,622
연평균 수급액 (유로)	442.7(환산)	627.3(환산)	786(환산)	1,044	1,260	1,728
보조비 예산 총액 (백만 유로)	154.5	285.9	611.6	807.3	997.9	1,551.4
GDP 중 보조비 예산 비중	0.15%	0.18%	0.31%	0.33%	0.33%	0.39%
전체 주택 중 임대주택 비중	62.9%	59.2%	57.3%	54.6%	51.5%	47.3%
전체 주택 중 수급가구 비중	12.9%	16.2%	25.6%	30.1%	28.9%	31.8%

자료 : Priemus & Elsinga(2007), p.200의 table 9.4 발췌, 번역, 재구성

....

12 https://www.belastingdienst.nl/wps/wcm/connect/bldcontentnl/belastingdienst/
prive/toeslagen/huurtoeslag/uw-inkomen-is-niet-te-hoog-voor-de-huurtoeslag/

이에 따라 2020년부터는 없어질 전망이다. 이중수령 방지나 주택 품질 관리를 위해 독립적인 주소(독자적 출입문과 우편함 설치)가 부여된 집만 신청할 수 있지만, 일부에서 유령 세입자의 계좌를 통한 부정수급의 경우가 적발되기도 하여, 감독의 방향은 실거주 여부 등에 초점을 맞추고 있다.

지원금액은 소득에 따라 산정되는 '지불 가능한 임대료'와 실제 임대료의 차이에 대해, 구간별로 3단계의 요율을 적용하여 산출한다. 〈그림 1〉은 규제 부문의 기준이 615.01유로였던 2006~2007년의 주거보조비 산출 내역이다. 1집단(23세 이하), 2집단(23세 이상 1인 가구), 3집단(23세 이상 2인 가구), 4집단(23세 이상 다인 가구), 5집단(고령 가구)으로 구분하여 집단별 인정률 구간이 조금씩 달랐는데, 당시는 다인 가구의 75% 구간 상한선이 다른 집단보다 높았다.

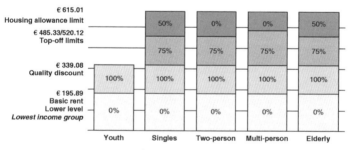

자료 : Haffner & Boumeester(2010), p.801에서 발췌[13]

그림 1 2006~2007년 네덜란드 주거보조비의 산출 내역

13 원 도표 제목 및 수치 출처 : Figure 2 Housing allowance system, percentage of monthly rent covered by housing allowance within the set limits, 2006-2007. Source: Haffner et al.(2009; from Ministry of VROM, 2006/adapted by

구간은 크게 4단계로, 주거보조비가 지급되지 않는 1구간, 즉 누구든지 그 정도 월세는 내야 하는 것으로 설정한 '기본 임대료' 구간이 있고(그래프의 0% 부분), 다음엔 누구든지 100% 지급받는 2구간이 있다. 그 위로는 임대료의 75%를 보전받는 3구간이다. 마지막으로 4구간은 1인 가구와 고령 가구는 50% 보전, 나머지는 보전받지 못하는 구간으로, 규제 부문 상한선에서 끝난다. 2007년 당시 각 구간의 경계는 1구간 195.89유로(기본 임대료 구간), 2구간 339.08유로(1구간과의 차액의 전액 지급, 즉 339.08-195.89＝143.19유료 지급), 3구간 485.33유로 혹은 520.12유로(다인 가구)다. 마지막으로 4구간은 규제 부문 상한선 까지다.

실제 적용 예를 보면, 가령 소득기준을 만족하는 28세 1인 가구가 월세 500유로의 집에 살 경우, 지급받는 주거보조비는 누구든지 받는 2구간의 액수＋3구간의 75%＋4구간의 50%, 즉 143.19＋[(485.33-339.08)×0.75]＋[(500-485.33)×0.5]＝260.21유로이다. 절반이 넘는 주거비 절감 효과가 발생하는 경우이다.

네덜란드의 임대료는 꾸준히 상승하였지만 주거비 보조제도 덕분에 소득대비 주거비 지출은 상당히 절감되어, 1981년의 경우 임대료 지출을 기준으로 한 소득대비 임대료RIR는 25.7%이나 주거비 보조 이후 실제 소득대비 주거비는 비율이 17.7%로 1/3가량 감소하였고, 2002년의 경우는 36.3%에서 23.5%로 역시 1/3정도가 줄어들었다(Priemus & Elsinga, 2007). 주거보조금 신청자의 정보 확인

OTB).

과 지급, 회수 등 실제 집행은 국세청 소관의 업무이다. 정책 결정과 예산 확보는 내무왕실부Ministerie van Binnenlandse Zaken en Koninkrijksrelaties; BZK에서 담당한다. 주택점수와 임대료 상한선과 마찬가지로, 주거보조비 역시 세입자가 직접 산출해볼 수 있는 사이트를 운영하고 있다.[14] 신청 자격은 다음의 기준을 따른다.[15]

- 기준임대료 이하, 즉 규제 부문의 독자적 주택(독립된 주소지)
- 본인과 동거인의 소득과 자산의 기준 충족(2020년부터 폐지)
- 현재 네덜란드 거주 중이어야 함(연간 국외체류 일수 제한)
- 네덜란드 국적이거나 거주허가증이 있어야 함
- 18세 이상으로 집주인과 계약 당사자

5. 사회주택, 주거보조비와 임대료 규제의 연관 작동 원리

거주자 입장에서 공급되는 주택은 '현물보조'에 해당한다. 한편 주거보조비는 거주자에 대한 '현금보조'의 수단이다. 주택점수제를 통한 점수별 임대료 상한선 설정은 '임대료 통제'에 해당하며, 인상률 규제 등과 함께 임대료 규제의 수단이다. 이 세 가지에 대한 여러 국가들의 사례가 각각 따로 소개된 적은 있으나, 이들이 어떻게 연계되어 작동하는지에 대한 설명은 없었다. 여기서는 각

14 https://www.belastingdienst.nl/wps/wcm/connect/nl/toeslagen/content/hulpmiddel-proefberekening-toeslagen
15 https://www.belastingdienst.nl/wps/wcm/connect/bldcontentnl/belastingdienst/prive/toeslagen/huurtoeslag/

각의 제도의 취지와 장단점을 살피고, 이들이 연계되어 순환하며 각각의 부작용을 해소 혹은 완화하여, 공급자와 입주자 양 측면의 수평적·수직적 형평성을 제고하는 점을 설명한다.

먼저 저렴한 사회주택의 공급, 즉 현물보조는 공공자산 또는 사회적 자산 축적의 효과는 있으나, 입주자 측면에서의 수평적 형평성을 달성하기 어렵다. 한정된 예산으로 상대적으로 큰 비용이 소요되는 주택을 건설할 경우, 정책 대상 모두에게 공급할 만큼의 충분한 물량을 공급하기가 어렵기 때문이다(주택 1호에 1억 원의 비용이 소요되고, 100억의 예산과 1만 명의 정책 대상이 있을 경우, 주택으로 공급할 때에는 100호 건설을 통해 100명에게만 혜택이 돌아가고 9,900명은 수혜 대상에서 제외된다). 주거보조비를 지급할 경우는 보조금의 액수를 조절하면 되므로, 한정된 예산으로도 모든 정책 대상에게 골고루 지급하는 것이 가능해진다(앞서의 100억을 주거보조비로 지급할 경우에게는 1만 명 모두에게 각각 100만 원씩 지급할 수 있다). 또한 기존의 건설산업과 주택시장의 수요공급시스템에 개입하지 않고도 제도를 시행할 수 있다. '시장친화적인 정책'이라는 평가를 받는 이유다. 나아가 입주자의 소득에 따른 차등지급도 가능하다. 같은 형편의 정책 대상에게는 빠짐없이 지급하게 되니 수평적 형평성을 달성하면서도, 서로 다른 형편의 소비자는 서로 다른 형편의 비용을 지불하면 수직적 형평성까지 달성하게 된다. 한 번 지어지면 건물 수명 내에는 리모델링 수준 이상의 물리적 변화를 꾀하기 어려운 주택과 달리, 인구변화나 정책수요의 변동에 따른 탄력적 대응도 가능하다. 또한 소비자 입징에서는 물리적인 건물을 선택해야 하는 경우와 달리, 절약된 비용을 다른 소비처에 쓸 수 있기에 (대개의 현물보조와 현금보조의 경우처럼) 소비자의 효용도 높다.

문제는 임대료 인상효과다. '풍선' 효과, '빨림' 효과 또는 '지원금 귀속' 효과[16]가 발생한다는 것이다. 임차인에게 임대료를 지원할 경우, 임대인이 임대료를 인상하여 지원의 효과가 줄어든다는 논리다. 소비자에 대한 직접 지원이 가격인상으로 이어지고, 공공의 지원이 정책 대상이 아닌 곳으로 이전된다는 것이다. 이러한 효과에 대해 현실의 사례를 두고 실험군과 대조군을 놓고 다양한 변수를 통제해가며 실증적으로 분석하는 것은 매우 어려워 주거보조금과 임대료의 인과관계를 분석한 연구를 찾기는 쉽지 않다. 그러나 지원금이 아닌 조세의 경우 임대인에 대한 과세가 임대료 상승으로 이어져 임차인에게 귀착되는 것은 '조세 귀착 효과'로 널리 알려져 있다. 그렇다면 그 역으로 지원금이 주어질 경우에는 그에 따른 마찬가지 효과가 날 것이라는 것은 합리적 추론이다. 한국에서는 소비자의 선택권이 제약된 상황에서 소득 인상이 가격 인상으로 이어진 실제 사례도 있다. 위수지역의 모텔비나 PC방비가 인상되었는데, 상인들에게 인상의 이유를 묻자 원가 인상이 아니라 '군인들의 월급이 올랐기 때문'에 그랬다는 경우다.[17] 사실상 섬과 같은 국토여건에서 대도시 집중도가 큰 한국의 주택 부문의 성격은, 휴가장병의 역외 출입이 제한된 위수지역의 상황

16 '조세 귀착' 효과에서 응용함.
17 여러 매체를 통해 알려졌으나 대표적으로 국민일보의 2018.3.17. "군인 월급 오르니 위수지역 물가도 올리자? … 모텔비·PC방 바가지"라는 기사가 있다(김동운, 2018).

과 통하는 바가 있다고 볼 수 있다. 전세자금 대출제도와 임대료 인상이 관련이 있어서 이 경우에 해당되는지에 대해서는 추가 연구가 가능할 것이다.

'가격 통제'는 이러한 '소비자 현금 직접 보조'의 부작용(혹은 필연적 결과)인 '가격 인상'을 막을 수 있는 직접적 규제이다. 하지만 (모든 가격규제가 그렇듯) 초과수요를 발생시키고 공급을 위축시킬 것이다. '투자/투기수요가 아닌 주택의 실거주 수요의 경우 가격이 저렴하다는 이유만으로 늘어나지는 않을 테니 초과수요는 별로 발생하지 않을 것'이라는 논리에는 논쟁의 여지가 있지만, 충분한 수익이 발생할 만큼의 가격이 형성되지 않을 경우 공급이 위축될 것은 분명하다. 이때 위축된 공급량을 메워줄 수 있는 것이 (임대료 규제를 감수하는) 사회주택 또는 공공주택이다. 정책 대상을 모두 소화할 만큼의 주택을 공급하지 않아도, 즉 시장을 완전히 대체할 정도로 물량이 많지는 않아도, 임대료 통제하에서 시장에서 위축될 공급물량 만큼을 사회주택 또는 공공주택이라는 비영리(혹은 제한 영리) 부문이 공급하면 되는 것이다(그림 2).

네덜란드는 이러한 3단 순환 사이클이 비교적 원활히 작동하는 경우라고 할 수 있다. 먼저 주거보조비를 통해서 현물보조의 한계를 현금보조로 극복한다①. 다음으로 현금보조로 인한 가격인상은 주택점수제를 통해 봉쇄한다②. 그리고 주택점수제를 통한 가격통제로 인한 공급위축은 다시 사회주택 공급③, 즉 현물보조로 보완하여 ①-②-③-①의 순환 회로가 완성된다.

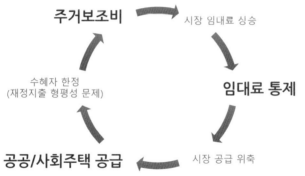

자료 : 최경호(2019)의 그림을 수정

그림 2 주택 부문의 현물보조, 현금 보조, 가격통제의 연관 작동원리

입주자 입장에서는 공급 주체와 무관하게 적용되는 주택점수제를 통해서 '같은 집에는 같은 임대료'를 지출하되, 주거보조비를 통해서 '다른 형편에는 다른 주거비'를 지출하는 수평적·수직적 형평성을 누리게 된다. 같은 면적의 비슷한 품질의 집에 살아도 공공주택인지 민간임대주택인지에 따라 (심지어는 같은 공공주택 내에서도 어떤 브랜드냐에 따라) 확연히 다른 임대료를 내야 하는 한국의 경우와 비교해볼 수 있다. 공급자 입장에서는 주택점수제를 통해서 입주자가 누구냐와 무관하게 '같은 집에는 같은 임대료', '다른 집에는 다른 임대료'를 징수하게 되는 수평적·수직적 형평성이 실현된다. **이 점은 공급자가 다양할 경우 특히 중요하다.** 공급 주체 하나가 모든 주택을 공급할 경우는 임대료 체계의 통합 없이 '소득에 따른 임대료 차등화'를 시행해도 상관없다. 주택(입주자)별로 차등화된 임대료를 징수해도 하나의 계정에 통합되므로 전체적 수지만 맞추면 되며, 상대적 고소득자가 내는 고임대료 수입으로 상대적 저소득자가 사는 주택의 저임대료

를 보조하는 교차보조의 효과를 누릴 수도 있다. 그러나 공급 주체가 다양할 경우에는 같은 품질의 주택을 공급해도 '하필 더 저소득층'이 입주한 건물의 공급 주체의 수입만 더 적어지게 된다. '같은 것은 같게' 대해야 하는 수평적 형평성에 위배되는 경우다. 혹은 더 좋은 집을 공급했는데도 입주자가 누구냐에 따라 같은 임대료를 받아야 한다면 수직적 형평성에도 어긋난다. 따라서 **다양한 공급자들이 존재할 경우** 주택점수제, 혹은 **통합된 임대료 체계**는 수평적·수직적 형평성을 달성하는 장치로 **반드시 필요하다.**

6. 결론 및 시사점

이상으로 네덜란드의 사회주택, 임대료체계, 주거보조비 제도와 연계작동 원리와 효과를 살펴보았다. 네덜란드의 단일모델 또는 주거복지 대중모델이 작동하는 바탕에는 사회주택뿐만 아니라 주택점수제를 통한 임대료 통제와 주거비 보조제도가 연계된 3단 순환회로가 자리 잡고 있다. 현물보조의 한계를 현금보조로 보완하고, 현금보조의 부작용은 가격통제로 규제하며, 가격통제의 한계는 다시 현물보조로 보완하는 것이다. 한편 규제임대 부문에 적용되는 주택점수제를 통해 다양한 공급자에 대한 수평적·수직적 형평성과 입주자에 대한 수평적 형평성이 실현된다. 주거보조비를 통해서는 입주자의 수직적 형평성이 실현되어, 종합적으로는 부문 간 격차가 심하지 않아 주거중립성이 강한 단일모델의 성격을 보이고, 주거선택권이 상당한 수준으로 보장된다. 주거체제에서의 단일모델에 대해서는 국내에 이미 소개되었다.[18]

네덜란드의 단일 모델적 성격의 원인과 결과에 대한 자세한 분석과 주거체제론적 논의는 추후 과제로 둔다.

한국의 주택정책에 대한 평가는 '성공한 건설정책, 실패한 분배정책'으로 요약 가능하다. 단시일 내 대량공급에 성공하여 주택의 절대 부족 문제는 어느 정도 해소되었지만, △점유 구조의 양극화(주택소유의 편중), △주거비부담의 양극화, △주거 품질의 양극화의 현상은 분배정책이 실패했음을 보여준다(최경호, 2019). 주거복지로드맵(2017.11.29.)에서 '주거사다리론'을 강조하며 수요맞춤형 주거복지 정책의 중요성에 주목하고 있지만, 공공주택과 주거보조비가 개별적 정책으로 제시될 뿐, 현물보조－현금보조－가격통제의 3단 순환 회로라는 유기적 관점은 부족하다(최경호 외, 2019). 공공임대주택의 공급은 지속되고 있지만, 시기별로 다양한 유형의 임대주택이 도입되어 복잡한 임대료체계가 자리 잡은 결과, 같은 형편에 놓인 입주자라 하더라도 어떤 유형의 임대주택에 사느냐에 따라 다른 임대료를 부담하는 상황에 놓여있고, 대기자 명부도 도입하기 힘든 상황이다. 이를 극복하고 다양한 입주자에게 수평적·수직적 형평성을 보장하고자 **'공공임대주택 유형통합'**이 국정과제로 추진 중이다. 네덜란드의 주택점수제와 주거비 보조제도와 나아가 대기자 명부 제도의 원리를 반영할 수 있는 좋은 계기다.

사회적 경제주체가 공급하는 사회주택 등, 공공의 지원을 받는 부

---

18 남원석(2011).

담 가능한 주택의 범위가 넓어지고 있는 시점에서는 더욱 그렇다. 주택점수제와 주거비 보조제도가 입주자뿐만 아니라 다양한 공급자들에게도 수평적·수직적 형평성을 보장하는 측면 때문이다. 지방 공기업과 사회주택 공급자 등 다양한 공급자가 존재하는 상황에서 입주자의 소득에 따라 바로 임대료를 차등 부과한다면, 저소득층이 입주한 주택의 운영자만 불리해진다. 네덜란드처럼 임대료체계는 입주자의 소득과 무관하게 주택 기준으로 통합적으로 운영하고, 소득에 따른 주거비 보조제도를 통해 입주자의 주거비 지출을 줄여주어야 한다.

특히 주택점수제는 지속 가능한 주택 공급과 운영을 위한 재무구조 수립과 이를 위한 안정적인 사업기획을 위해서도 긴요하다. 현재 사회주택의 임대료체계는 '시세 80%'로 정해지는 시세연동형인데, 이 시세를 정하는 기준은 감정평가다. 그런데 평가시점의 시세의 등락에 영향을 받을 뿐만 아니라, 사업 프로세스에서 감평의 결과가 확정되는 시점은 준공 직후로서, 주변 시세가 얼마로 평가될지, 그리하여 재무구조의 수입측면이 어떻게 결정될지를 사업자가 사전에 알 수 없다. 안정적인 재무흐름 예측을 전제로 하는 금융 지원구조가 뒷받침되기 어려워지는 이유다. 전세제도라는 특유의 제도가 작동하는 한국 상황에 맞는 임대료 체계가 도입되어야 하겠으나, 네덜란드처럼 △사전적으로 △주택의 품질에 연동하여 △시세 변동성에서 상대적으로 자율적이며 △투명한 기준으로 임대료를 책정할 수 있다면, 부담 가능한 주택을 위한 금융 제도의 발전과 입주자의 주거만족도 증진에 큰 도움이 될 것이다.

누가 공급한 어느 집에 누가 살든, 이렇게 수평적·수직적 형평성이 보장되는 한국형 시스템이 자리 잡게 된다면, 열악한 주거상황에 놓인 주거약자가 마침 알게 된 상담센터의 안내를 받아 공공주택으로 이사하게 되는 '미담'이나, 사는 집이 어디인지 어떤 건물인지에 따라 아이들이 놀림감이 되는 '비담' 모두, 역사의 한 자락이 될 수 있을 것이다.

:: 참고문헌

논문

Conijn, J. (2017), "Dutch Housing Market and the system of rent regulation", Presentation at ERES (The European REal Estate Society) Seminar in Berlin (31 Mar 2017).

Haffner & Boumeester (2010), "The Affordability of Housing in the Netherlands: An Increasing Income Gap Between Renting and Owning?", Housing Studies, 25:6, 799-820, DOI: 10.1080/02673037.2010.511472.

King, P. (2009), Understanding Housing Finance: Meeting Needs and Making Choices, London: Routledge .

Oxley, M. (2009), Financing Affordable Social Housing in Europe. Nairobi: UN-Habitat.

Priemus, H. (2004), Dutch housing allowances: Social housing at risk. International Journal of Urban and Regional Research, 28(3), 706-712.

단행본

강신욱·강희정·고숙자·김동헌·김원섭·남원석·배화옥·이삼식·정영호·정은희·정홍원·최경호·최효진(2018), 네덜란드의 사회보장제도, 한국보건사회연구원, 주요국 사회보장제도 시리즈, 나남.

남원석(2011), 주택점유형태별 주거복지의 논리; 홍인옥 외(2011), 2장.

아우버한트/주택발전소(역)(2005), 가난한 사람들을 위한 부동산 개발, 한울.

최경호·남원석(2018), 주택 및 주거서비스, 강신욱 외(2018) 중 주택 및 주거서비스 편.

홍인옥·남기철·남원석·서종균·김혜승·김수현(2011), 주거복지의 새로운 패러다임, 사회평론.

Haffner, Hoekstra, Oxley and van der Heijden (2009), Bridging the gap between social and market rented housing in six European countries? Amsterdam: IOS Pressl.

Priemus, H. , & Elsinga, M. (2007), Housing allowances in the Netherlands: the struggle for budgetary controllability. in Housing allowances in comparative perspective, 193-214.

보고서

강빛나래(2018), '네덜란드 사회주택 공급 및 재원조달 체계'; 봉인식 외(2018), 보고서 제출 원고.

김혜승·박민선·천현숙·진정수(2013), '사회적 경제 조직에 의한 주택 공급 방안 연구', 국토연구원 2013-53.

봉인식 외(2018), '공익적 임대주택 공급 확대를 위한 민간의 역할에 관한 연구', 경기연구원 정책연구 2018-49, 경기연구원.

최경호·김준형·박종숙·채준배·이헌구(2018), 지속 가능한 품질연동형 사회주택임대료 산정체계 연구, 서울특별시 사회적경제지원센터, '2018 정책 및 전략사업 개발을 위한 연구사업' 보고서.

최경호·김수정·한영현·최용한(2019), 주거안심비전 수립을 위한 기초 연구, 국회의원 심상정.

언론기사

김동운(2018), '군인 월급 오르니 위수지역 물가도 올리자?… 모텔비·PC방 바가지', 국민일보, 2018.3.17.
http://news.kmib.co.kr/article/view.asp?arcid=0012207553

최경호(2019), 한국 주택정책, 건설은 성공했으나 분배는 실패했다, [좋은나라 이슈페이퍼] 주택체제를 전환하자, 프레시안, 2019.9.3.
http://www.pressian.com/ news/article/?no=255575

웹문서

네덜란드 임대료위원회 https://www.huurcommissie.nl

네덜란드 임대료위원회 주택점수제 안내 https://www.huurcommissie.nl/onderwerpen/
huurprijs-en-punten/huurprijscheck-en-puntentelling

네덜란드 국세청 https://www.belastingdienst.nl

네덜란드 국세청 주거보조비 안내 https://www.belastingdienst.nl/wps/wcm/
connect/bldcontentnl/belastingdienst/prive/toeslagen/huurtoeslag/huurtoeslag

Schilder & Scherpenisse(2018), Policy and Practice-affordable housing in the

Netherlands, Informationen zur Raumentwicklung n Heft 4/2018, https://www.pbl.nl/sites/default/files/downloads/PBL2018_Policy-and-practice-affordable-housing-in-the-Netherlands_3336_0.pdf에서 추출.

부록 1. 네덜란드의 주택점수제에 따른 점수 -임대료 연동표(2019)

Maximale huurprijsgrenzen voor zelfstandige woonruimten per 1 juli 2019

punten	bedrag	punten	bedrag	punten	bedrag	punten	bedrag	punten	bedrag
40	194,91	82	400,41	124	625,02	166	849,59	208	1074,18
41	199,78	83	405,76	125	630,36	167	854,92	209	1079,52
42	204,64	84	411,09	126	635,69	168	860,26	210	1084,89
43	209,52	85	416,47	127	641,04	169	865,65	211	1090,21
44	214,38	86	421,81	128	646,43	170	870,98	212	1095,56
45	219,24	87	427,14	129	651,72	171	876,32	213	1100,91
46	224,14	88	432,50	130	657,09	172	881,66	214	1106,25
47	228,99	89	437,83	131	662,44	173	887,03	215	1111,60
48	233,88	90	443,20	132	667,77	174	892,35	216	1116,94
49	238,75	91	448,53	133	673,14	175	897,71	217	1122,30
50	243,62	92	453,87	134	678,47	176	903,05	218	1127,63
51	248,46	93	459,24	135	683,84	177	908,40	219	1132,99
52	253,36	94	464,57	136	689,15	178	913,76	220	1138,36
53	258,21	95	469,92	137	694,52	179	919,10	221	1143,67
54	263,10	96	475,27	138	699,88	180	924,42	222	1149,03
55	267,96	97	480,64	139	705,20	181	929,81	223	1154,38
56	272,87	98	485,97	140	710,55	182	935,15	224	1159,73
57	277,68	99	491,33	141	715,92	183	940,48	225	1165,06
58	282,56	100	496,67	142	721,24	184	945,81	226	1170,42
59	287,46	101	502,01	143	726,58	185	951,19	227	1175,77
60	292,33	102	507,34	144	731,95	186	956,54	228	1181,12
61	297,17	103	512,70	145	737,31	187	961,87	229	1186,48
62	302,06	104	518,06	146	742,64	188	967,24	230	1191,81
63	306,91	105	523,38	147	748,00	189	972,57	231	1197,15
64	311,80	106	528,75	148	753,34	190	977,92	232	1202,51
65	316,66	107	534,09	149	758,69	191	983,28	233	1207,85
66	321,55	108	539,43	150	764,03	192	988,61	234	1213,18
67	326,42	109	544,79	151	769,37	193	993,97	235	1218,55
68	331,27	110	550,14	152	774,71	194	999,33	236	1223,89
69	336,13	111	555,50	153	780,06	195	1004,67	237	1229,24
70	341,00	112	560,83	154	785,41	196	1009,99	238	1234,57
71	345,88	113	566,17	155	790,76	197	1015,35	239	1239,94
72	350,77	114	571,54	156	796,09	198	1020,71	240	1245,28
73	355,61	115	576,89	157	801,48	199	1026,03	241	1250,63
74	360,50	116	582,22	158	806,79	200	1031,40	242	1255,99
75	365,36	117	587,57	159	812,17	201	1036,73	243	1261,32
76	370,25	118	592,90	160	817,50	202	1042,08	244	1266,68
77	375,10	119	598,25	161	822,84	203	1047,42	245	1272,03
78	380,00	120	603,60	162	828,21	204	1052,78	246	1277,37
79	384,85	121	608,96	163	833,53	205	1058,13	247	1282,69
80	389,73	122	614,31	164	838,88	206	1063,47	248	1288,08
81	395,06	123	619,65	165	844,24	207	1068,84	249	1293,40
								250	1298,74

De maximale huurprijsgrens van zelfstandige woningen met een kwaliteit van minder dan 40 punten is gelijk aan de maximale huurprijsgrens bij 40 punten: € 194,91 per maand.

지료 : ttps://www.huurcommissie.nl/data/user_upload/Huurprijzen_zelfstandige_woonruimte_per_1_juli_2019.pdf

부록 2. 네덜란드의 주택점수 산출식[*]

	항목	내용	점수	
1	실거주 공간 면적	실거주 및 실사용 공간의 면적 합산 (거실, 침실, 부엌, 욕실/샤워실 등)	1점/m²	
2	기타 부대 공간 면적	그 외 부수적으로 공급한 공간의 면적을 합산 (간이부엌, 창고, 다락, 차고 등)	0.75점/m²	
3	난방	– 난방이 되는 공간(방) 수에 따라 – 난방이 되는 기타 부대 공간(방) 수에 따라	2점/공간(방) 하나 1점/공간(방) 하나 (최대 4점까지만 가능)	
4	에너지 효율	(2015년 에너지-인덱스(EI 2015)나 2015년 1월 1일 이전 발급된 에너지 등급 기준)A⁺⁺ 등급 / EI<0.6	단독등기 주택[**]	구분등기 주택[***]
		A⁺ 등급/ 0.6<EI≤0.8	44	40
		A 등급/ 0.8<EI≤1.2	40	36
		B 등급/ 1.2<EI≤ 1.4	36	32
		C 등급/ 1.4<EI≤1.8	32	28
		D 등급/ 1.8<EI≤2.1	22	15
		E 등급/ 2.1<EI≤2.4	14	11
		F 등급/ 2.4<EI≤2.7	8	5
		G 등급/EI>2.7	4	1
			0	0
		에너지-인덱스(EI2015)나 에너지 등급(2015-01-01 이전)이 없을 경우, 건축연도 기준	2002년 이후 — 36	32
			2000~2001년 — 32	28
			1998~1999년 — 22	15
			1992~1997년 — 22	11
			1984~1991년 — 14	11
			1979~1983년 — 8	5
			1977~1978년 — 4	1
			1976년 이전 — 0	0
		에너지 사용량과 발전량이 똑같거나 에너지가 남아도는 임대 주택에 대해 에너지 효율 보상 계약이 체결되어 있는 경우	32	28

	항목	내용	점수	
4	에너지 효율	(단열 등으로 에너지 사용량을 줄이고 풍력이나 태양열 등으로 자체 에너지를 발전하는 주택)	32	28
5	주방	부엌 조리대 길이 * 마감재 품질에 따라 이 점수는 최대 2배가 될 수 있다.	1m 미만	0점
			1~2m 미만	4점
			2m 이상	7점*
6	욕실 및 화장실	* 욕실 및 화장실의 마감재 품질에 따라 이 점수는 최대 2배가 될 수 있고 투자금 € 226.89(약 28–9만 원)당 1점	변기	3점
			세면대	1점
			샤워기	4점
			욕조	6점*
			샤워기와 욕조	7점*
7	유니버설 디자인	장애인 거주를 위한 편의시설·안전장치 −임대인이 시설과 장치에 투자한 비용 기준, €226.89당		1점
8	외부공간	사적 외부공간(예 : 정원, 발코니)	25m² 미만	2점
			25~50m² 미만	4점
			50~75m² 미만	6점
			75~100m² 미만	8점
			100m² 이상	10~15점
			없을 경우	5점 감점
			간이 그늘/차양막	2점
9.1	정성적 측면 (입지, 가격 반영)	−개별주택공시가격에 따른 점수 산정	a. 개별주택공시가격 € 8,259마다	1점
		계산 변동 −소형주택의 경우 : 만약 총 주택 면적이 40m² 미만인 경우 −주택이 암스테르담시 및 그 권역, 위트레흐트시 및 그 권역에 위치한 경우 −주택이 2018, 2019, 2020, 2021년 또는 2022년에 완공 및 입주 예정인 경우	b. 개별주택공시가격을 총 주택 면적(실거주 면적 1과 기타 부대 면적 2 합산)으로 나눈 후, 각 €127마다 (개별공시가가 €41,816보다 낮을 경우, 하한가인 €41,816를 계산에 적용)	1점

항목		내용	점수
9.2	정성적 측면 (입지, 가격 반영)	비규제 임대섹터용 신축주택 임대주택이 비규제임대 섹터를 목적으로 지어졌을 경우, 건축연도가 2015, 2016, 2017, 2018, 2019년 중 하나인 경우. 그리고 항목 1에서 8까지와 항목 12를 합산한 점수가 110점 이상인 경우 *현재 임대주택이 개보수(renovation) 이후 에너지 인덱스가 새 집처럼 0.4 이하가 된 경우, 신축주택으로 간주하여 9.2의 방식으로 점수 산정	9.1 항목처럼 계산하되, 기본 점수 40점부터
10	주택 품질	개보수 임대주택에 €10,000 초과 투자했으며, 임대주택이 비규제임대 섹터에 속하지 않은 경우에는 개보수를 시행한 해와 그 이후 5년간 투자금 €1,000당	0.2점
11	특수설비	항목 1에서 9.1까지의 점수와 항목 10의 점수를 합산한 수치의 35%(돌봄 주택에만 해당)	좌항 설명 참조
12	국가 문화재 지정 건물	임대주택이 국가문화재거나 그 일부인 경우, 국가문화재법 1.1조에 따름 * 이 점수는 2016년 7월 1일부로 유효함 (1988년 문화재법을 대체하는 법안이며, 몇몇 주택에는 과도기 규정이 적용) * 임대주택이 국가문화재(또는 그 일부)로 보호받지는 않지만, 전통 역사도심 또는 마을의 경관보호 구역 내 위치할 경우, 다음의 조건 충족 시에는 이 50점 대신 최대 허용 임대료보다 15% 더 높은 임대료 청구 가능 • 1988년 문화재법 1조 g항에 따른, 도심 또는 마을 경관보호 구역 내 위치 • 1945년 이전 건축 • 임대인은 건물의 문화재적 가치 유지에 임대수입(의 일부)을 사용해야 함	50점

*   자료 : 최경호 외(2018) 토대로 정리(초벌번역 : 강빛나래)
** 단독등기주택은 단독주택, 땅콩주택, 일반적인 맞벽주택
*** 구분등기주택은 구조를 공유하는 아파트, 복층아파트 등이며, 맞벽주택이지만 층을 나눠 쓰는 경우도 포함

부록 3. 네덜란드 임대료 위원회 누리집의 주택점수
-임대료 계산 서비스(화면 캡쳐)

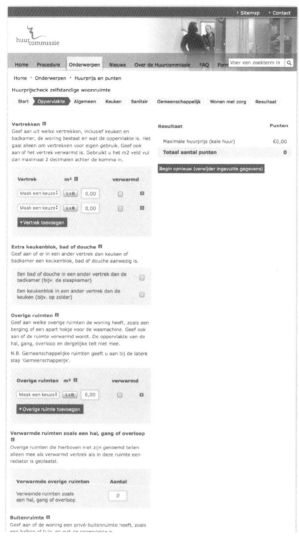

자료 : https://www.huurcommissie.nl/onderwerpen/huurprijs-en-punten/nieuwe-
huurprijscheck/huurprijscheck-zelfstandige-woonruimte?tx_hpcz_priceche
ck%5Baction%5D=rooms&tx_hpcz_pricecheck%5Bcontroller%5D=House
&cHash=9560a124485b7c4b000daabe0a1f3c46

영국의 사회주택 뉴딜 정책

1. 들어가며

최근 영국은 지속적인 주택의 공급 부족과 그에 따른 재고 부족으로 런던을 중심으로 한 대도시권의 주택 가격이 급등하는 문제를 겪고 있다. 이에 대해 영국 정부는 현재 주택 부족 문제의 심각성을 인식하고 2017년 주택 공급을 확대하기 위한 종합대책을 발표하였다.[1] 한편, 2017년 6월 14일 런던의 공공임대주택(사회주택) 아파트인 그렌펠 타워Grenfell Tower에서 발생한 화재로 72명이 숨지는 대형 참사가 발생하였다. 이 과정에서 현재 보수당 정권의 사회주택정책에 대한 격한 비난이 제기되면서 영국에서 사회주택 문제가 매우 중요한 정책 이슈로 부각되었다.

이러한 맥락하에 영국 주택커뮤니티지방정부부Ministry of Housing,

---

1   Department for Communities & Local Government of UK, 2017, Fixing our broken housing market, London, UK.

Comm-unities & Local Government: MHCL는 그렌펠 타워 참사로 드러난 사회주택정책의 문제점을 해소하고, 현재 영국이 겪고 있는 주택 부족 문제에 대응하기 위한 정책으로 2018년 '사회주택 뉴딜 정책 A new deal for social housing'을 발표하였다.[2] 이 정책은 현재 영국의 사회주택정책을 근본적으로 변화시키기 위한 정부 노력의 일환으로 발표되었으며, 영국 사회주택이 가지고 있는 문제를 해소하고자 다양한 정책방안을 제시하였다.

따라서 사회주택 뉴딜 정책은 최근 영국이 겪고 있는 사회주택과 관련한 문제를 해소하거나 완화시키기 위한 영국 정부의 정책적 고민의 정수이자 최종 결과물로 이해할 수 있다. 이는 다른 측면에서 우리나라 주거복지정책, 특히 임대주택 정책에 매우 유용한 시사점을 도출해줄 수 있음을 의미한다. 따라서 이 글에서는 먼저 사회주택 뉴딜 정책이 나오게 된 역사적 배경과 맥락을 살펴보고, 이를 바탕으로 구체적인 정책 내용을 검토한 후 최종적으로 우리나라에 주는 정책적 시사점을 도출하고자 한다.

2. 정책 수립의 배경

앞서 언급한 것처럼 사회주택 뉴딜 정책이 수립된 가장 직접적인 배경은 최근 영국의 겪고 있는 주택 부족 문제와 2017년 발생한 그렌펠 타워 화재 사건으로 볼 수 있다. 그러나 보다 정확한 이해를

2   Ministry of Housing, Communities & Local Government of UK, 2018, A new deal for social housing, London, UK.

위해서는 과거 영국 주택정책과 사회주택정책의 흐름상에서 최근 발표된 정책이 어느 지점에 있는지를 살펴보고 영국의 사회주택 관련 현황을 정확히 파악한 후, 이를 바탕으로 직접적인 배경이 된 최근의 주택 문제와 그렌펠 타워 사건을 살펴볼 필요가 있다. 이에 이 장에서는 영국 주택시장과 사회주택 정책의 맥락, 사회주택 관련 현황 등을 검토한 후, 현재 영국이 직면한 주택 문제와 그렌펠 타워 화재를 살펴봄으로써 사회주택 뉴딜 정책이 나오게 된 배경을 정리한다.

1) 영국의 주택시장 변화와 사회주택 정책의 맥락

제2차 세계대전 이후 현재까지 영국 주택시장의 주요 흐름을 살펴보면 다음과 같다.[3]

전쟁 중에 영국은 독일군의 폭격으로 많은 주택 재고를 소실하였다. 이에 1940년대 후반부터 사회주택을 포함한 주택 공급 확대의 필요성이 강하게 제기되었으나 전후 기반시설 미비, 자본과 건축자재의 부족 등으로 계획된 만큼 많은 수의 주택이 지어지지 못했다. 이후 1950년대에 들어서면서 한 해 25만 호의 지방정부주택이 지어지기도 하는 등 본격적으로 많은 수의 주택이 건설되었다. 그리고 1960년대에는 공공과 민간 부문 모두에서 많은 주택이 공급되면서 한 해 40만 호 이상의 주택이 공급되기도 하였다. 그러

3 Elliott, L. 2014. A brief history of British housing. The Guardian. [Online]. 24/May/2014. [2019.9.28]. Available from :
https://www.theguardian.com/business/2014/may/24/history-british-housing-decade

나 이 시기 타워형의 사회주택이 집중적으로 공급 되는 등 상대적으로 낮은 질의 주택이 다수 공급되었다.

1970년대에 영국은 영란은행의 대출 규제 완화와 보수당의 성장 정책이 맞물리면서 주택 가격이 급등하는 주택시장 거품기를 경험하였다.[4] 이때 영국의 주택 가격은 3년 만에 2배로 뛰는 급등세를 보였다. 이는 1970년대 중반 오일 쇼크가 발생하면서 진정되었다(그림 1 참조). 1980년대에는 대처 총리가 이끄는 보수당 정부가 Right to buy 정책을 통해 노동자들이 사회주택을 저렴하게 구입할 수 있는 정책을 제시했으며, 이 정책의 수혜자들은 1980년대 다시 발생한 주택시장 버블기에 큰 이익을 얻었다. 특히 1987년과 1988년에 각각 16%, 25%씩 주택 가격이 급등하였다.[5]

자료 : UK government. UK House Price Index 홈페이지[6]

그림 1 영국의 주택 가격 상승률(월간)

4   이는 당시 총리가 Tony Barber였기 때문에 'Barber boom'으로도 불린다.
5   이때 주택 가격 급등기를 영국에서는 Lawson boom이라고 부른다.
6   UK government. UK House Price Index 홈페이지.
     http://landregistry.data.gov.uk/app/ukhpi/browse?from=1968-01-01&location=
     http%3A%2F%2Flandregistry.data.gov.uk%2Fid%2Fregion%2Funited-king
     dom&to=2019-09-01

1990년대는 앞선 Lawson boom 이후 긴 침체기를 겪었다. 인플레이션을 완화시키기 위해 이자율이 15%까지 오르고 실업률이 급등하면서 주택 가격이 급등할 때 많은 대출을 끼고 주택을 산 노동자들은 모기지를 감당할 수 없게 되었다. 그 결과 1990년대 초중반까지 주택 가격이 하락하면서 많은 주택들이 은행 등에 압류되었다. 1990년대 후반 들어 주택시장이 회복되면서 이러한 문제는 완화되었으며, 2000년대에는 다시 주택 가격 급등이 큰 문제가 되었다.

2000년대에는 저조한 신규 주택 공급 실적, 낮은 이자율, 인구의 지속적 증가 등으로 전후 영국 역사상 세 번째로 큰 주택버블을 만들었다. 2000년 약 10만 파운드(£)였던 평균 주택 가격은 2007년에는 약 22만 5천 파운드까지 높아졌다. 그리고 잘 아는 것처럼 2008년 글로벌 금융위기가 발생하면서 세 번째 주택 가격 급등기가 끝이 났다. 그러나 2008년 이후 주택시장이 급격히 위축되면서 신규 주택 공급도 위축되면서 재고 주택 수 대비 신규주택 공급 수 비율이 1930년대 이후 최저 수준으로 떨어졌다. 그 결과 2010년 이후에는 런던을 중심으로 한 영국 동남권 지역에서 주택 부족 문제가 불거지면서 이 지역 주택 가격이 급등하고 주거비 부담이 크게 높아지는 문제가 나타났다.

사회주택 정책에서 영국은 대처정부 이후 국가의 역할을 줄이고 민간의 역할을 높이는 방향으로 진행되었다. 그림 3에서 이러한 부분이 단적으로 드러나는데, 사회주택을 소유한 주체와 공급 주체에서 모두 지방정부의 비중이 크게 줄어드는 모습을 보여주고 있다.

이와 관련하여 오도영(2015)은 주거복지 업무 이관과 사회주택 범위 확장, 주거복지 측면의 기능 축소라는 세 가지 방향으로 추진된 주거복지정책 변화의 일환으로 이러한 사회주택 정책 변화가 나타난 것으로 분석하였다.[7] 구체적으로는 보수당이 1979년 집권하면서 주택 소유 중시 정책과 그 일환으로 추진된 사회주택 사유화 정책 등과 함께 정부의 역할 축소를 추진하면서 사회주택이 지속적으로 감소하게 되는 시발점이 되었다. 예를 들어, 이 시기 도입한 Right to Buy 정책을 통해 사회주택 소유권의 개인 이전을 촉진시켰으며, Stock Transfer 제도를 통해 지방정부 소유 사회주택을 주택조합 등에 이전할 수 있게 만들었다.

그러나 2010년 이후 보수당 정부에서는 주택 재고 부족에 따른 주거비 부담 증가가 주요한 사회 문제로 떠오르자 이를 해소하기 위한 정책 중 하나로 사회주택 확대를 추진하였다. 이런 흐름 가운데 2017년 그렌펠 타워 참사가 발생하면서 사회주택 프로그램을 대폭 개선하고자 사회주택 뉴딜 정책이 2018년에 발표되었다.

2) 영국의 사회주택 관련 현황

영국의 사회주택과 관련한 현황으로 현재 사회주택에 거주하고 있는 가구 수 비율과 가구 수, 사회주택 재고 수량 및 보유 주체의

---

7   오도영(2015), 영국 주거복지정책의 변화 : 2010년 이후 심화된 신자유주의 변화를 중심으로, 공간과 사회, 25(2). pp.227-266.

변화, 신규 주택 공급에서 사회주택 관련 주체의 비중 변화, 사회주택 거주가구의 가구 특성, 점유형태별 가구 간 이동 양상 등을 살펴보고자 한다.

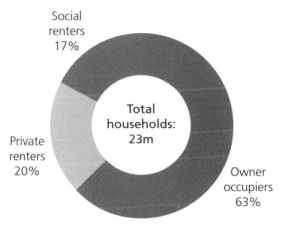

자료 : MHCL(2018), A new deal for social housing, p.13

그림 2 영국 점유형태별 비중(2016/17)

최근 2016~2017년 기간 영국의 주택 점유형태별 비중을 살펴보면, 자가점유가구가 63%, 민간임대주택 거주가구가 20%, 사회임대주택 거주가구가 17%를 차지하는 것으로 나타났다. 이는 인구 수로는 약 9백만 명, 가구 수로는 약 390만 가구에 해당된다.

현재 영국의 사회주택 재고량은 1991년 이후 전반적으로 감소하는 추세를 보이고 있으나 2007년 이후 소폭 증가한 것으로 나타났다. 그리고 사회주택 보유 주체는 1991년 이후 지방정부의 비중은 감소하고 있는 반면, 주택 협회Housing Association의 비중은 지속적으로 증가하고 있다. 이는 1980년대 영국 정부의 정책 변화로 지방정부의 사회주택을 지속적으로 주택협회로 이전함과 동시에, 신규 사회주택 공급 또한 주로 주택협회 중심으로 이루어졌기 때문이다.

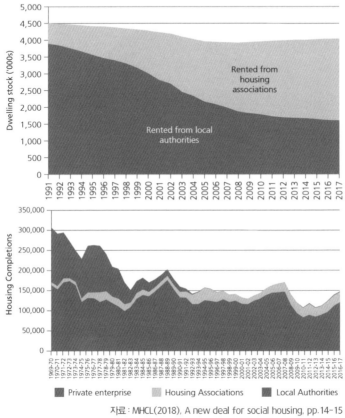

자료 : MHCL(2018), A new deal for social housing, pp.14-15

그림 3 영국의 주체별 사회주택 재고량 및 신규주택 공급량 변화

그러나 현재와 같은 체계로 영국 내 사회주택 수요를 충당하기는 어려운 것으로 보인다. 사회주택 뉴딜 정책 보고서에서 밝힌 것과 같이, 현재 영국 지방정부의 사회주택 대기자 리스트만 1백만

가구가 넘는 것으로 파악되고 있는 반면, 다음 그림에서 나타난 것처럼 지방정부가 사회주택 신규 공급에서 역할을 크게 줄임으로써 사회주택 공급물량이 크게 줄어들었기 때문이다.

영국 사회주택 거주가구의 특성을 살펴보면, 상대적으로 취약가구의 비중이 높으며, 경제적으로도 어려움을 겪는 가구들의 비중이 높다는 점이 잘 나타났다. 그림 4와 같이 사회주택에 거주하는 가구의 경우 편부모 가정의 비율이 자가 점유나 민간임대주택 거주 가구에 비해 상대적으로 매우 높게 나타났으며, 1인 가구의 비율도 상대적으로 높은 것으로 나타났다. 이에 더해 경제적으로도 풀타임으로 일하는 비중이 30% 내외로 전체 가구 대비 20%가량 낮았으며, 직업이 없는 경우가 상대적으로 높게 나타났다.

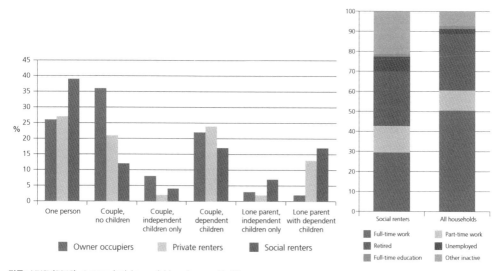

자료 : MHCL(2018), A new deal for social housing, pp.16-17.

그림 4 영국의 점유형태별 가구특성과 사회주택 거주가구의 경제적 특성(2016-2017)

점유 형태별 가구 간 이동 양상을 살펴보면, 다음 그림에서 나타
난 것처럼 사회주택 거주가구가 자가나 민간임대로 이동하는 경
우가 민간임대에서 자가로 이동하는 경우보다 상대적으로 매우
적으며, 사회주택 내에서 이동하는 경우가 훨씬 많은 것으로 나타
났다. 예를 들어, 2016~2017년에 사회주택 내에서 이동한 가구
수가 15만 6천 가구인 반면, 사회주택에서 자가로 이동한 가구 수
는 1만 8천 가구, 민간임대로 이동한 가구 수는 3만 6천 가구에 불
과하였다. 영국 정부의 조사에서 사회주택거주가구의 2/3가 자

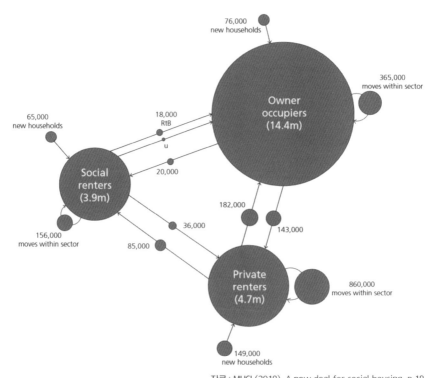

자료 : MHCL(2018), A new deal for social housing, p.18

그림 5 영국 점유 형태별 가구 간 이동양상(2016~2017)

유롭게 선택할 수 있다면 자가 점유를 하고 싶다고 응답하였으나, 실제로 이러한 이동은 거의 이루어지지 않고 있어, 주거상향이동을 유도하기 위한 정책적 대응의 필요성이 제기되었다.

3) 최근 사회주택 관련 주요 이슈

앞서 살펴본 것처럼 영국은 2008년 금융위기 이후 일시적인 침체를 겪었으나 이후 런던을 중심으로 한 동남권 지역의 주택 부족 문제와 그에 따른 주택 가격 및 주거비 부담 급등 문제가 주요한 주택 부문 이슈로 제기되었다. 예를 들어, 2010년 잉글랜드 전체 주택 중간 가격과 런던의 주택 중간 가격은 각각 약 18만 파운드와 28만 파운드였으나, 2018년에는 각각 약 24만 파운드와 27만 파운드를 기록하였다. 이에 영국 정부가 이 문제를 심각하게 인식하면서 이에 대응한 여러 가지 주택정책을 추진해왔으며, 2017년에는 현재 주택 문제를 해소하기 위해 'Fixing our broken housing market'이라는 타이틀로 새로운 종합적인 주택정책을 발표하였다.

이와 함께 최근 사회주택과 관련하여 매우 중요한 사건이 발생하였다. 런던의 사회주택에서 그렌펠 타워Grenfell Tower 화재 참사가 그것이다. 2017년 6월 14일에 런던 켄싱턴 북부에 위치한 24층 높이의 사회주택 아파트인 그렌펠 타워에서 화재가 발생하여 72명의 사망자를 내는 사건이 발생하였다. 이 사건의 주요 원인으로 열악한 사회주택 관리 재정과 그에 기인한 저렴한 저질 외장재, 부실한 관리 등이 지목되면서 정부의 사회주택 정책에 대해서 강한 비판이 제기되었다. 특히 테레사 메이 내각의 늑장 대처와 보

수당 정부의 사회주택 관련 예산 삭감 등과 같은 정책기조가 중첩
되면서 정부의 태도와 정책에 비판이 집중되었다. 그 결과 사회
주택 정책은 현 보수당 정부에서 중요한 정책 이슈로 부각되었다.

이러한 두 가지 직접적인 배경하에서 2018년 영국 정부는 사회주
택 뉴딜 정책을 발표하게 되었다. 실제 'Fixing our broken housing
market' 보고서 서문에서 테레사 메이 영국 총리는 위의 두 가지가
주요한 배경이었음을 구체적으로 명시하면서, 이러한 문제를 해
결하기 위한 새로운 사회주택정책 틀이 필요하며, 이를 달성하기
위해 사회주택 뉴딜 정책을 수립하였음을 밝혔다. 이에 더해 현
재 영국의 사회주택 관련 실태에서도 여러 문제점이 드러난 만큼,
이에 대한 정책적 대응이 필요하다는 점도 강조하였다.[8]

3. 사회주택 뉴딜 정책

1) 개 요

영국 정부는 현재 영국 사회주택이 직면한 문제를 정확히 파악하
고, 그에 대응하여 정책방안을 제시하는 형태로 사회주택 뉴딜 정
책을 추진하였다. 여기서 인상적인 부분은 정책수립과정에서 대
규모 심층인터뷰 조사를 실시하여, 여기서 수립된 질적 데이터를
바탕으로 정책을 수립했다는 점이다. 실제 영국 정부는 그렌펠

---

8   Department for Communities & Local Government of UK, 2017, 앞의 책.

타워 거주가구를 포함하여 총 1,000가구에 대한 심층면접조사를 실시함과 동시에 7,000가구에 대한 온라인 서베이를 실시하여 실제 사회주택 거주민들이 가장 필요로 하는 것, 불편해하는 것, 개선했으면 하는 것이 무엇인지를 파악하고, 이를 바탕으로 정책방안을 제시하였다.

현재 영국 사회주택이 직면한 여러 문제를 해소하기 위해 발표된 사회주택뉴딜 정책은 크게 다섯 가지 목표를 제시하였다. 이에 대한 자세한 내용은 아래에서 살펴보도록 하겠다.

2) 주요 정책 : 5대 정책별 상세한 정책방안 소개[9]

(1) 안전한 양질의 주택 확보

그렌펠 타워 화재 참사에서 영향을 받은 정책인 만큼, 영국 정부는 주택의 질과 안전 문제를 최우선 과제로 제시하면서, 그렌펠 타워의 비극이 다시는 되풀이되어서는 안 된다고 강조하였다. 실제 영국 정부는 그렌펠 타워 참사 직후 4억 파운드의 기금을 조성하여 영국 내 사회주택의 외장재를 불에 타지 않는 자재로 바꾸는 작업을 긴급히 시행하였고, 가연성 외장재 사용을 금지하는 규정을 제정하였다. 이와 함께 세입자가 참여하는 사회주택 아파트의 안전이슈 점검 회의제도를 새롭게 도입하고, 안전과 관련한 문제에 대해 세입자들이 직접 중요한 역할을 할 수 있도록 개선하는

---

9   이 내용은 2018년 영국 주택커뮤니티지방정부부에서 발표한 사회주택 종합 대책 보고서인 'A new deal for social housing'의 내용을 요약, 정리한 것이다.

방안 등을 제시하였다. 그리고 화재경보기 등의 화재 관련 장비 개선을 의무화하고 이에 대한 점검도 임대인의 의무로 규정하여 화재와 관련한 안전성을 높이는 정책을 도입하였다.

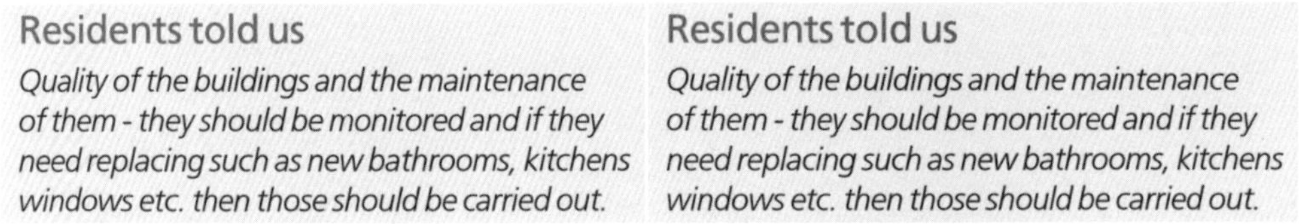

Residents told us
Quality of the buildings and the maintenance of them - they should be monitored and if they need replacing such as new bathrooms, kitchens windows etc. then those should be carried out.

Residents told us
Quality of the buildings and the maintenance of them - they should be monitored and if they need replacing such as new bathrooms, kitchens windows etc. then those should be carried out.

자료 : MHCL(2018), A new deal for social housing, pp.24-25

그림 6 안전한 양질의 주택 확보와 관련한 사회주택 거주민의 의견 사례

양질의 사회주택재고를 유지, 관리하기 위한 방안으로는 주택품질 기준 미달 가구의 개보수 지속 추진, 주택 품질 기준decent home standard 개정 추진 등을 제시하였다. 주택 품질 기준은 2006년 개정된 이래 현재까지 개정이 이루어지지 못했다. 주택과 관련된 기술, 환경이 그동안 많이 변했기 때문에 이에 맞추어 주택 품질 기준을 개정하되, 특히 안전 부분에서 빈틈이 없도록 개정을 추진하고 있음을 밝혔다. 이와 관련하여 기존에 주택 품질 기준에 미달하던 주택을 지속적으로 개보수하여 사회주택 중 기준 미달 주택 비율이 2010년 약 20%에서 2016년에는 약 13%로 감소하는 성과도 거두었으나, 이에 더해 모든 사회주택을 기준 이상으로 개선시킴과 동시에 기준 자체의 개선도 추진하고 있다. 이와 함께 지속적으로 안전 기준이나 주택 품질 기준 등이 거주민의 안전을 보장하고 양질의 주택을 공급하는 데 부합하고 있는지를 점검해나가겠다고 밝혔다.

(2) 거주민 불만사항의 효과적인 해결

현재 영국 사회주택 거주자들의 의견 중 가장 빈번하게 제기되는 것 중 하나가 주택과 관련한 불만사항 개선이 너무 어렵다는 것이었다. 분쟁이 발생할 경우 이를 공론화하여 중재 등을 요청할 경우에도 절차가 너무 복잡하고 까다로워 실질적으로 작동하기 어렵고, 행정기관에서 크게 관심을 두지 않는다는 점 등이 주요한 이슈로 제기되었다. 현재 임차인이 불만을 제기하는 과정은 먼저 임대인에게 불만을 제기한 후, 이에 대해 만족스러운 해결책이 제시되지 않을 경우 불만을 지역 의회 의원 등 지정된 사람에게 추가로 제기할 수 있으며, 8주간 추가적인 조치를 기다려야 한다. 그리고 이마저도 여의치 않을 경우 하우스 옴부즈맨 제도를 이용할 수 있는데, 이는 독립적인 사회주택 불만사항 해소 서비스로 임대인과 임차인에게 필요한 조치를 조언하거나 조사 및 결정을 내릴 수 있게 되어 있다. 이와 같은 복잡한 과정을 거치게 되면서 임차인들은 실질적으로 불만 해소가 이루어지지 못하거나 어려운 점을 호소하는 경우가 많았다. 예를 들어, 사회주택 거주자들 인터뷰에서 하우스 옴부즈맨으로 넘어가기 전 의회의원 등 지정된 사람에게 이의를 제기해서 8주 간 해소기간을 두었는데, 긴급한 사항의 경우 이 기간이 너무 길며, 이 과정이 사회주택 거주민에게 불리하게 작용하는 경우가 많은 것으로 나타났다.[10]

....

10 예를 들어, 중재자로 지정된 사람이 사회주택 거주에 대한 배경지식이 전무하거나, 중재자 중에서 실제 임차 경험이 있는 사람이 한 명도 없어 임대인 측면의 이해가 많이 부족한 경우 등이 있다.

Residents told us

The complaints process is opaque, inaccurate and chaotic with too many stages and little clarity on the roles and responsibilities of those involved.

Residents told us

The housing association is not quick at responding to issues. It's as though I don't live there so I don't have to worry about it.

No one is the right person and residents are passed along frequently, it takes a long time, causes a lot of stress and issues remain unresolved.[50]

자료 : MHCL(2018), A new deal for social housing, p.27; 30

그림 7 거주민 불만사항의 효과적인 해결과 관련한 사회주택 거주민의 의견 사례

이에 주민의 불만이나 요구사항에 대해 빠르고 정확하게 피드백을 주고 효율적으로 적절한 조치가 취해질 수 있도록 절차를 간소화하는 정책으로 임대인이 여러 단계를 거치지 않고 직접 하우스 옴부즈맨 제도를 바로 이용할 수 있도록 하였다. 그 결과 2017/18 시즌에 하우스 옴부즈맨 서비스 이용자의 91%가 서비스에 만족하였고, 75%가 문제를 해결하는 데 실질적인 도움이 되었다고 응답하는 등의 성과를 거두었다.

이와 함께 임차인이 제기한 불만이나 요구사항에 대한 대응이 최대한 빠른 시간 내에 이루어지도록 하기 위해서 하우스 옴부즈맨 인력을 확충하고, 임대인의 의무응답기한을 정하여 의무화하는 방안 도입을 검토하고 있다. 특히 화재 등 안전과 관련한 불만이나 요청사항의 경우보다 더 신속하게 반영될 수 있도록 하는 방안을 강구 중이다.

(3) 거주민 권리와 감독기관의 권한 강화

현재 영국에서 사회주택 관리와 관련하여 임대거주자들은 그들이 거주하는 사회주택을 관리하는 주택협회나 지방정부의 관리수준에 대한 정보를 구득하기가 어렵다는 문제가 제기되었다. 또한 임차인의 개선 요구가 다른 임대인(기관)과 비교해서 원활하게 이루어지는지 여부 등에 대해서도 파악하기 어려운 실정이다. 이에 영국 정부는 사회주택 관리 수준 등 주택관리 퍼포먼스에 대한 정보를 보다 풍부하게 제공하고, 거주민들이 이에 보다 쉽게 접근할 수 있도록 하기 위해 거주민들이 쉽게 이해하고 비교할 수 있는 임대인 평가 지표를 개발하여 제공하는 방안을 추진하고 있다. 여기서 핵심 지표로는 거주민의 전반적인 만족도, 적정 개보수 시행, 건축물 안전성, 거주민 요청사항의 적절한 처리, 거주민에 대한 존중 정도, 반사회적 행태 등에 대한 근린 관리 등을 포함한다. 이러한 지표 생성을 위한 데이터를 독립된 평가 기관에 매년 제공하여 이들 지표를 생성, 발표하는 체계 구축을 추진하고 있다. 그리고 평가지표가 뛰어난 사회주택임대주체 – 주택협회나 지방정부 – 에 대해서는 90억 파운드(£)가량의 Affordable Homes Programme 재정을 활용하여 재정적 인센티브를 주는 방안도 고려하고 있다.

한편 사회주택 거주민들로부터 제기된 주요 이슈 중 하나가 임대주체가 주민들의 의견을 귀담아듣지 않는다는 것이었다. 이에 영국 정부는 사회주택 거주민이 그들이 거주하는 주택과 관련한 의사결정 과정에 참여하여 목소리를 내고, 또 그 목소리가 반영될 수 있도록 하는 시스템 구축을 추진하고 있다. 이에 임대인이 최소 3년에 1회 이상 임차거주인과 상담하는 것을 의무화하고, 임대주택 관리 거버넌스에 거주민을 포함시키는 등의 방안이 시행되고 있다. 이에 지방 정부 등에서는 주민의 권한을 강화하고 의사결정과정에 적극적으로 이들을 포함시키고 의견을 반영하는 등의 변화가 나타나고 있다고 평가했다.

Residents told us

Their performance needs to be monitored by an independent authority so there is help when they don't do these things.

They do not issue their performance data, so nobody knows if they are or are not meeting key performance indicators.

Residents told us

We informed the housing association that we didn't want the services of the present cleaners, which we pay for in the service charge, but we were told we had no choice in the matter.

자료 : MHCL(2018), A new deal for social housing, p.33: 36

그림 8 거주민 권리와 감독기관의 권한 강화와 관련한 사회주택 거주민의 의견 사례

이번 정책에서는 감독기관의 권한 강화도 주요한 정책으로 제시되었다. 최근 English housing survey에서 대부분의 사회주택 거주민의 만족도가 높은 것으로 나타났으나, 일부에서 매우 만족도가 나타나는 문제가 여전이 나타난 바, 감독기관의 권한 강화를 통해 상대적으로 서비스 수준이 낮은 임대주체의 관리 수준을 높이고자 하였다.

(4) 낙인 방지 및 커뮤니티 강화

영국에서도 사회주택 거주민에 대한 사회적 배제와 낙인 문제가

심각하게 인식되고 있다. 다음 그림 9의 주민 인터뷰에서도 사회적 낙인 문제가 오래된 문제이기 때문에 이제 이 문제를 직시할 때가 되었다는 이야기와 사회주택에 살기 때문에 낙인이 찍히고 이등시민second class으로 취급받았다는 이야기가 나오는 등 실제 영국 내에서 사회주택 거주민에 대한 낙인 문제는 상당히 심각한 것으로 인식되고 있다. 예를 들어, 사회주택 거주민은 직업을 구하지 못한 사람들이라는 편견이 있는데, 실제 영국 Housing survey에 따르면 사회주택 거주민의 실업률은 7%로 민간임대주택 거주민의 실업률 4%와 비교해 조금 높기는 하지만 큰 차이가 나지는 않는 것으로 조사되어 사실과 다른 사회주택에 대한 낙인으로 밝혀졌다.

Residents told us
It's time we looked at the problem of stigma.

Residents told us
[I am] stigmatised for being in social housing and treated as a second-class citizen.

I am made to feel less of a person than the person that has bought their house.

[My main concern is] the perception of council tenants as benefit scroungers when there are many tenants who are hardworking, honest people.

자료 : MHCL(2018), A new deal for social housing, p.47. Peabody Group Strategy, 2017~2020.
그림 9 거주민 권리와 감독기관의 권한 강화와 관련한 사회주택 거주민의 의견 사례

이에 영국 정부 차원에서 사회주택 거주민을 포함하여 매우 활성화되고 잘 조직된 커뮤니티 활동을 포상하고, 이들 모델을 다른 지역에 확산시키기 위한 정책을 추진하고 있다. 이번 정책 수립

과 관련된 주민 인터뷰에서 커뮤니티가 잘 운영되고 있는 지역의 사회주택 거주민들의 만족도와 자존감이 높게 나타났으며, 이는 지역 전체의 활력 증진에도 중요한 영향을 미치는 것으로 분석되었다. 이에 사회주택 거주민은 포함하여 잘 조직된 커뮤니티를 통해 활발한 활동을 하고 있는 사례에 대해 정부 재정 지원을 포함한 포상을 하고, 이러한 모델을 확산시킬 수 있는 체계 구축을 추진하고 있다. 구체적 사례로, 영국 정부는 'See the Person' 캠페

'See the Person' 캠페인 사례

이 캠페인은 30곳 이상의 주택 관련 조직이 후원하는 임차인들의 자발적이고 독립적인 캠페인이다. 구체적 활동으로는 미디어를 통해 사진과 이미지 등을 활용하여 사회주택에 거주하는 개인의 다양한 스펙트럼을 보여줌으로써 이들에 대한 편견과 고정관념을 해소하는 활동, 다양한 사회주택 거주민의 이야기를 사회주택에 거주하지 않는 사람들에게 지속적으로 알리는 활동, 사회주택 거주민의 지역에 대한 공헌 사례 확산, 공정한 출판을 위한 가이드를 만들어 언론사들에게 배포하여 언론에서 사회주택 거주민에 대한 편견을 유도할 수 있는 단어 등의 사용을 하지 않도록 하는 활동 등을 하고 있다.

자료 : Soha housing, MHCL(2018)에서 재인용

인과 같이 실제 사회주택 거주민이 실업자 등으로만 구성된 낙오된 단일 그룹이 아니라, 아이를 기르면서 직업을 가지고 있는 거주민과 NHS(영국 공공의료서비스) 종사자 등 지역 필수 서비스 종사자까지 다양한 주민이 거주하고 있음을 보여주는 활동을 장려하고 이를 확산시키는 정책적 노력을 기울이고 있다. 이에 영국 정부는 이들의 활동을 적극 지원하고 있다.

이와 함께 사회주택의 디자인을 민간주택과 전혀 차별화되지 않도록 하거나 기존의 디자인을 개선하여 물리적인 차별성을 완화하고, 같은 단지나 건물 내에서 사회주택 거주민과 민간주택 거주민의 입구를 분리하지 못하도록 하는 등 여러 관련 정책을 도입하고 있다.

(5) 사회주택 공급 확대와 사회주택 거주민의 주택 구입 지원

앞서 살펴본 것처럼 현재 주택 부족 문제는 영국에서 가장 주요한 주택 문제로 인식되고 있다. 그리고 그 원인 중 하나로 사회주택 공급이 크게 줄어든 것이 지목되고 있다. 이와 함께 실제 사회주택에서 거주를 희망하는 가구에 비해 사회주택의 공급이 크게 부족한 부분도 앞서 지적되었다. 또한 영국 정부는 사회주택이 단순히 저렴하고 부담 가능한 주택을 제공하는 것에서 더 나아가 사회적 계층 이동의 사다리로서 기능해야 한다는 점도 강조하였다. 이에 영국 정부는 사회주택 공급을 확대하는 정책과 사회주택 거주자가 주택을 구입할 때 이에 대한 지원을 강화하는 정책을 모두 사회주택 뉴딜 정책에 포함하여 발표하였다.

먼저 현재 영국 사회주택 공급이 기의 대부분 주택협회를 통해 이루어지는 반면, 지방정부의 공급은 거의 전무한 상황이었다. 그 결과 과거 지방정부가 사회주택 공급의 절반가량을 담당하면서 사회주택 공급이 정점에 이르렀을 때와 비교해 낮은 수준의 신규 공급에 그치고 있는 실정이다. 이와 관련하여 현재 지방정부가 사회주택 공급에 적극적으로 나서지 못하는 주요한 원인으로 재원 조달의 어려움과 향후 임대료 수입의 불확실성 등 재정적 요인이 제기되었다. 이에 영국 정부는 지방정부가 보다 많은 사회주택을 공급하도록 유도하기 위해서 주택자금 차입 한도를 주택수요가 높은 지역의 경우 10억 파운드까지 상향하고, 주택 가격 지수와 연계한 예측 가능한 임대료 체제를 구축하는 등의 정책을 도입하였다. 그리고 재원 조달과 관련하여 기존 사회주택을 Right to Buy 프로그램을 통해 매각한 자금을 신규 사회주택 건설에 활용할 수 있도록 하는 방안을 검토하고 있다. 이와 함께 주민들이 주체가 된 조합 형태의 주택 공급 지원을 통해 주민들의 전폭적인 지지하에 원활하게 택지를 마련하고, 좋은 커뮤니티를 가진 새로운 주거지를 창출할 수 있도록 유도하고 있다.

이와 함께 사회주택 거주자의 사회적 이동을 위해 이들의 주택소유를 지원하는 Right to Buy 프로그램과 Shared ownership 프로그램을 보다 발전시켜 사회주택에 거주하는 임차인들이 더 쉽게 자기 주택을 소유할 수 있도록 정책적 지원을 계속하고, 보다 창조적인 모델을 찾아가겠다고 천명하였다. 특히 Right to Buy 프로그램[11]의 경우는 주택협회가 소유하고 있는 사회주택에 이 프로그램을 적용하는 시범사업을 추진 중이며, 그 과정에서 주택협회가 보유한 주택을 이 프로그램을 통해 매각한 후 대체 자산을 확보하여 사회주택 재고량이 줄지 않도록 하는 방안 등을 검토하고 있음을 밝혔다. 그리고 주택사업자와 입주민이 소유권을 공유하여 주택을 구입한 후 지속적으로 입주민이 소유권을 확보하여 결국 집 전체에 대한 소유권을 획득하는 형태인 Shared ownership 프로그램과 관련하여 불필요한 수수료를 줄이고, Rent to Buy 프로그램[12]을 도입하는 등의 정책을 추진하였다.

4. 결론 : 우리나라 공공임대주택 정책에 주는 시사점

영국의 최근 주택 부족 문제와 그렌펠 타워 참사에 대한 대응으로 사회주택뉴딜 정책을 발표하였다. 위에서 살펴본 것처럼 주요한 정책방향으로 안전한 양질의 주택 확보, 거주민 불만사항의 효과적인 해결, 거주민 권리와 감독기관의 권한 강화, 낙인 방지 및 커뮤니티 강화, 사회주택 공급 확대와 사회주택 거주민의 주택 구입 지원 등을 제시하였다. 이러한 영국의 현황과 정책대응을 통해 우리는 다음과 같은 시사점을 도출할 수 있다.

첫째, 영국은 매우 오래된 사회주택 공급 역사를 가지고 있음에도

11 이 프로그램은 원래 영국 지방정부(council)가 보유하고 있는 임대주택에 거주하는 주민이 거주주택을 저렴하게 구매할 수 있도록 하는 프로그램이다(영국 정부 홈페이지, https://www.gov.uk/right-to-buy- buying-your-council-home 참조).
12 Rent to Buy 프로그램은 2016년 정부의 부담 가능한 주택 정책의 일환으로 도입된 프로그램으로, 현재 직업이 있으며 이전에 주택을 구입한 적이 없으며 입주하는 주택을 미래에 구입할 의지가 있는 가구에 대해서 주택구입에 필요한 초기자금을 마련할 수 있도록 시장 임대료의 80% 이하로 저렴하게 임차할 수 있도록 지원하는 프로그램이다.

사회주택 서주자에 대한 낙인, 커뮤니티 강화, 임대주택 품질 및 관리 향상 등의 문제가 지속되고 있으며, 이를 완전히 해소하지는 못하더라도 문제를 완화시키기 위한 노력을 계속하고 있다는 점이다. 앞서 살펴본 것처럼 사회적 낙인, 그에 따른 커뮤니티 약화, 일부 단지의 관리 부실 등이 주요한 문제로 주민들에 의해 제기되었으며, 이는 사회적·정서적으로 사회주택 거주자들에게 큰 영향을 미치는 것으로 조사되었다. 영국은 제2차 세계대전 이후 사회주택제도가 도입된 지 70년이 되었지만, 이러한 문제가 여전히 주요한 문제로 남아 있으며, 이의 해소를 위한 노력이 계속되고 있었다. 따라서 공공임대주택에 대한 사회적 배제와 낙인, 임대주택 품질 향상 및 관리 개선 문제는 단편적이고 일시적 문제로 접근하기보다 장기적이고 지속적으로 완화와 해결을 위해 노력해야 할 과제임을 시사한다.

둘째, 영국의 경우 사회주택 재고비율이 17%에 이르는 데도 불구하고 사회주택이 더 필요하며, 이를 확보하기 위해 정책적 노력을 기울이고 있다는 점이다. 주지하다시피, 현재 우리나라의 공공임대주택 비중은 2016년 기준 약 7%로 영국에 비해 크게 낮은 수준이다. 따라서 우리나라의 경우 수요에 부합하는 공공임대주택 재고 확보를 위해서는 장기적이고 지속적인 정책적 노력이 필요함을 알 수 있다.

셋째, 정책 수립의 방법론적 측면에서 사회주택 거주자에 대한 대규모 인터뷰 조사를 통해 거주자들의 요구사항을 직접 파악하고, 그에 대한 대응정책을 제시했다는 점이다. 일반적으로 정책 수립시 통계자료 분석을 통해 문제점을 분석하고, 그에 맞추어 Top-down 방식으로 방안이 제시되는 형태가 대부분이었다. 그러나 이번 영국의 사회주택 정책은 정책과 관련한 문제 도출을 통계자료를 활용한 것뿐 아니라 사회주택에 거주하는 가구주 중 1,000가구를 대상으로 직접 인터뷰한 내용과, 700만 가구에 대해 온라인으로 조사한 내용을 통해 거주자들이 필요로 하거나 요구하는 것에 맞추어 정책을 제시하는 Bottom-up 방식의 형태를 취했다는 점이다. 이러한 방식은 우리나라의 공공임대주택 정책 등 관련 정책 수립이 과연 현장의 목소리를 얼마나 반영하고, 실제 수요자들의 요구에 대해서 얼마나 귀 기울이는 방식으로 이루어졌는지에 대해 많은 시사점을 주고 있다.

:: 참고문헌

논문

오도영(2015), 영국 주거복지정책의 변화 : 2010년 이후 심화된 신자유주의 변화를 중심으로. 공간과 사회. 제25권, 2호 : 227-266.

단행본

Department for Communities & Local Government of UK(2017), Fixing our broken housing market, London, UK.

Ministry of Housing, Communities & Local Government of UK(2018), A new deal for social housing, London, UK.

신문기사

Elliott, L. 2014. A brief history of British housing. The Guardian. [Online]. 24/May/2014. [2019.9.28]. Available from : https://www.theguardian.com/business/2014/may/24/history-british- housing-decade

웹문서

UK government. UK House Price Index 홈페이지.
http://landregistry.data.gov.uk/app/ukhpi/browse?from＝1968-01-01 & location＝http%3A%2F%2Flandregistry.data.gov.uk%2Fid%2Fregion%2Funited-kingdom&to＝2019-09-01

UK government. Right to Buy 홈페이지.
https://www.gov.uk/right-to-buy-buying-your- council-home

미국 GSE의 임대주택(multifamily) 자금 지원 정책 사례

미국 GSE의 임대주택 (multifamily) 자금 지원 정책 사례

1. 서 론

미국 정부는 GSEGovernment Sponsored Enterprise인 Fannie Mae와 Freddie Mac을 통해 1988년부터 지난 30여 년 동안 저소득가구를 지원하기 위한 임대주택multifamily 사업을 운영하고 있다. 공급자에 대한 자금 지원 방식이다. 민간 자본의 구축 효과crowding out 없이 저렴한affordable 임대주택시장을 지원하기 위한 목적으로 GSE를 활용하여 2차 시장에 유동성을 공급하고 있다. 전통적인 저렴주택인 LIHTCLow Income Housing Tax Credit 부동산, 고령자 주택, 농촌시장, 매뉴팩처드주택manufactured home과 같은 여러 유형의 저렴한 임대주택 관련 대출을 취급하고 있다.[1] 지난 30여 년간 Fannie Mae에서만 960만 호의 임대주택 자금이 지원됐다. 본 장에서는

----

1 https://www.fhfa.gov/PolicyProgramsResearch/Policy/Pages/Reducing-Fannie-Mae--Freddie-Mac-Multifamily-Businesses.aspx(2019년 10월 30일 검색)을 기초로 작성함.

GSE를 활용한 미국의 임대주택 사업자 자금 지원 정책의 성과와 사례들을 확인코자 한다. 이를 위하여 먼저 미국의 주택금융 구조를 확인하고 GSE 중 Fannie Mae를 중심으로 프로그램의 작동 원리와 사례를 확인하고자 한다.

2. 미국의 주택금융 구조

먼저 GSE가 2차 시장을 통해 임대주택 자금 지원이 가능한 미국의 주택금융 구조[2]를 확인해보자. 미국의 주택금융 시장은 소비자에게 대출이 이루어지는 1차 대출시장primary market과 유동화 및 유통을 담당하는 2차 시장secondary market으로 구성된다. 유동화시장의 활성화는 수요자에게 높은 주택 가격 대비 대출 비율Loan To Value: LTV, 장기·고정 금리의 대출이 가능하게 한다. 1차 시장의 참여 주체는 주택 구입자, 모기지 뱅커, 대출기관, 채무 보증을 담당하는 연방주택청Federal Housing Administration: FHA, 모기지 사후관리기관 등으로 구성되고 2차 시장은 증권화 및 유통이 이루어지는 시장으로 정부 지원 기관인 GSE, 상업은행, 투자자로 구성된다. 대출 이후 주택 소유주는 모기지 사후관리 기관인 서비서servicer를 통해 상환한다. 통상 Bank of America와 같은 대형 은행은 최초 대출기관이면서 모기지 사후 관리 기관인 서비서의 역할을 동시에 수행하게 되고 서비서의 기능만을 수행하는 소규모 기관도 존

---

2   허윤경·이승우(2012), '금융위기 이후 미국의 모기지 지원 프로그램의 시사점', 한국건설산업연구원, pp.11~13을 중심으로 재작성함.

재한다.

모기지 채권의 보증 강화, 모기지 채권 매입 등 공적 기관의 광범위한 지원으로 모기지 채권은 높은 신용도를 유지하여 낮은 금리로 자금을 조달할 수 있는 환경을 조성하였다.[3][4] 1936년 루즈벨트 정부는 Fannie Mae를 설립하여 모기지를 담보로 채권을 발행함으로써 새로운 자금이 모기지 시장으로 유입되는 장치를 마련하였다. 2차 대전 이후 Freddie Mac, Ginnie Mae을 추가 설립하여 2차 시장에서 정부가 광범위하게 모기지 채권 지불을 보증하였다.

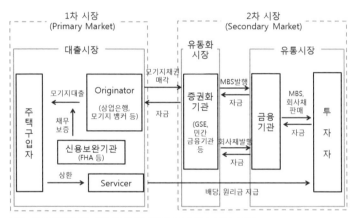

자료 : 한국은행(2012), 미국 주택금융 시장의 구조 개혁과 향후 전망, p.2

그림 1 미국의 주택금융 구조

미국 주택시장에서는 정부기관과 정부지원기관인 GSE의 2가지 형태의 공적 기관이 존재한다. 정부기관은 모기지론 보증을 실시

3   한국은행(2012), 미국 주택금융 시장의 구조 개혁과 향후 전망.
4   황상연(2009), 위기와 정부의 역할 : 대공황 이후 미국 주택금융정책과 서브프라임 사태, 경기개발연구원.

하는 연방주택청, 증권화 업무를 수행하는 Ginnie Mae가 있다. 정부지원기관인 GSE는 증권화 업무를 수행하는 Fannie Mae, Freddie Mac가 대표적이다. 2개의 GSEFannie Mae, Freddie Mac는 주택금융 시장에 유동성을 안정적으로 공급하는 역할을 중추적으로 수행해왔고, 전체 신규 주택담보대출유동화증권(Mortgage Backed Securities: MBS) 발생액의 약 70% 정도를 차지한다. Fannie Mae는 1970년, Freddie Mac은 1989년 완전히 민영화되었으나, 주택정책 수행상 정부와 연계가 필요하다는 관점에서 공적 임무가 부여되었고 재무부의 우대조치 등이 제공된다. 이에 따라 모기지 채권은 연방정부 국채에 버금가는 높은 신용도를 유지하고 있다.

그러나 금융위기 이후 2개의 GSE의 경영 악화가 심화되어 주택시장 마비와 금융시스템의 불안으로 이어질 가능성이 확대되면서 지난 2008년 9월 공적 관리conservatorship 대상으로 편입되었다. 공적 관리 11년이 지난 2019년 현재 GSE의 재개편 논의가 진행 중에 있다. 2019년 3월 트럼프 대통령은 미 재무부에 주택 개혁 계획을 주문했다. 이는 예상보다 장기화된 공적 관리 기간으로 인해 민간시장 구축에 대한 부작용, 재무 안정성에 대한 최소화 등의 요구가 커졌기 때문이다. 이에 재무부는 2019년 9월 들어 'Housing Reform Plan'을 발표하였다. 향후 GSE의 역할 변화 가능성은 존재하는 것으로 판단된다.

3. Fannie Mae의 임대주택사업자(multifamily) 자금 지원 프로그램과 실적

GSE의 임대주택 사업은 민간 자본 시장에서 잠재적 신용 부실 위험을 공공과 민간이 공유하는 방식이다. 즉, 신용 위험을 경감시켜 임대주택 공급자에게 저리 자금을 지원한다. Fannie Mae의 임대주택 사업은 DUSDelegated Underwriting and Servicing 프로그램을 통해 이루어진다. 이는 Fannie Mae의 가이드라인에 맞춰 협약 금융기관이 대출 심사 및 승인을 실시하는 방식이다. 반면 Freddie Mac은 직접 수행하고 있다. 이후 각 대출은 GSE의 보증하에 MBS로 구조화하여 판매된다. Fannie Mae는 MBS를 재구조화한 REMICReal Estate Mortgage Investment Conduit도 취급하고 있다. 임대주택을 주거용으로 분류하는 우리나라와 달리 미국은 임대소득을 목적으로 한다는 점에 방점을 두어 임대주택을 상업용 부동산commercial real estate으로 분류한다. 이에 따라 임대주택용 MBS는 RMBSResidential MBS가 아닌 CMBSCommercial MBS에 포함된다. 2008년 글로벌 금융위기 때 단독주택 MBS 시장의 어려움에도 불구하고 GSE의 임대주택을 대상으로 하는 CMBS는 비교적 양호한 모습을 보였고, 대부분의 임대주택 분야에 광범위한 유동성을 공급한 것으로 평가되고 있다. GSE가 취급하는 임대주택 대출의 자산은 일반적 임대주택에서 부터 원룸, 교외의 대규모 이민자 가구를 위한 주택, 노인 주택, 대도시 도심의 노동자를 위한 저렴 임대주택, 임대료 통제 주택 등 대부분의 임대주택 유형을 포괄한다. 특히 GSE의 정책 대상인 지역 중위 소득 범위 이내 가구를 위한 임대주택 공급을 위해 애쓰고 있다.

1) 연혁 및 프로그램[5]

Fannie Mae의 임대주택시장 참여는 설립 초기인 1938년부터다. 연방정부의 뉴딜New Deal 정책의 일환으로 연방주택청이 임대주택 및 분양주택 건설 대출을 직접 보장하면서 시작되었다. 시간이 지남에 따라 Fannie Mae의 업역이 연방주택청이 보장하지 않는 임대주택 대출까지 확대되었다. 1984년에는 임대주택 대출을 전담하는 사업부를 설립하였고 1988년에는 DUS 프로그램을 시작하였다. DUS는 현재까지 임대주택 대출 시장의 표준으로 자리 잡고 있다. 1988년부터 2018년까지 31년간 Fannie Mae와 협약 금융기관들은 임대주택에 대한 자금을 공급하고 있다.

Fannie Mae의 임대주택 사업에는 4가지 원칙이 존재한다. 첫째, 정책 수혜 대상을 노동자와 중하위 소득 계층으로 규정하고 있다. 30년간 지원한 주택 중 약 91%는 지역 평균 소득 120% 이하 가구를 위한 주택이었다. 둘째, 시장 참여자의 위험을 공유하는 방식이다. 스킨 인 더 게임skin in the game으로 명명하면서, 대출자에게는 현금 지분 참여를 요구하고 모기지를 판매하는 금융기관에도 손실이나 이익 공유를 강제화하고 있다. 셋째, 대출을 승인하는 기관은 계획된 소득이 아니라 가능한 실제 소득에 기초하여 대출 여부 및 조건을 심사해야 한다. 넷째, 협약 민간 금융기관에 권한 및 역할의 위임을 통해 위험을 분산시키고 민간 금융기관의 능력을 최대한 활용할 수 있는 구조를 만들고 있다. Fannie Mae가 대

----

5 'Fannie Mae, 2012, An Overview of Fannie Mae's Multifamily Mortgage Business' 및 'https://multifamily.fanniemae.com(2019년 10월 31일 검색)'를 종합하여 작성함.

출심사 등과 관련된 가이드라인을 제시하지만, 민간 금융기관에 상당한 권한을 이양하고 있어 신속한 고객 대응을 가능하게 한다. 다만 금융기관은 대출 및 신용 상황과 관련된 모니터링 정보를 Fannie Mae에 정기적으로 제출해야 한다.

DUS가 취급하는 자산형태는 여섯 가지다. 일반적으로 5호 이상의 임대주택으로 구성된 표준적인 임대주택용 대출이며 비주거용 임차자는 20% 이하여야 한다. LIHTC 포함한 저렴 임대주택, 고령자 주택seniors housing, 매뉴팩처드 주택 커뮤니티manufactured housing community, 협동주택cooperative blanket, 학생용 주택 대출dedicated student housing을 취급한다. DUS는 다양한 임대주택을 취급하는 한편, 대출 규모 제한이 없고, 낮은 이자율, 다양한 만기 설정, 신용 공여, 메자닌 금융을 허용하는 등 다양한 혜택을 부여하고 있다. LTV 최대 80%까지 가능하며 5~30년 사이의 고정 및 변동 금리 선택이 가능하다. 신용 공여 제공 및 메자닌 금융 이용도 가능하다.

고정금리 DUS의 만기는 5, 7, 10, 12, 15이 가장 일반적이며, 변동금리 만기는 5, 7, 10이다. 가장 인기가 많은 DUS는 10년 만기 9.5년 고정금리 상품이다. 다음으로는 7년 만기 6.5년 고정금리 상품의 판매가 많다. 2011년 중반 출시된 7년 만기 변동금리 상품도 수요자의 관심을 끌었다. 금리 리스크를 경감한 상품으로 금리 상한cap이 있고 고정금리 전환 옵션을 제공한다.

표 1 DUS가 취급하는 임대주택대출 자산 형태

자산 형태	설명
표준적인 임대주택 (Standard Conventional Multifamily)	5호 이상의 임대주택으로 일반적으로 비주거용 임차자(non-residential tenants)는 20% 이하인 대출
LIHTC 포함한 저렴 임대주택 (Multifamily Affordable Housing and Low-Income Housing Tax Credit)	임차자 자격(직업, 소득, 자산 등), 임대료 제한 등이 이루어진 임대주택 대출
고령자 주택 (Seniors Housing)	'독립 거주' 혹은 '보조 거주' 등 특수서비스를 제공하는 노인을 주택 대출로 알츠하이머 및 전문 간호 기능 등이 허용됨
매뉴팩처드주택 커뮤니티 (Manufactured Housing Community)	매뉴팩처드 주택용 사이트 대출로 유틸리티, 도로 및 기타 인프라를 포함함. 어메니티, 수영장, 테니스장 등 다양한 편의시설을 포함하기도 함
협동주택 (Cooperative Blanket)	5호 이상인 협동주택 기업(cooperative housing corporation)의 임대주택 대출
학생용 주택 (Dedicated Student Housing)	대학 및 대학원생이 임차자의 80% 이상인 임대주택 대출

자료 : Fannie Mae(2019), Celebrating 30 Years of the Fannie Mae Delegated Underwriting & Servicing (DUS®) Program

Fannie Mae가 취급한 DUS 중 가장 유명한 사례는 2015년에 대출이 이루어진 뉴욕의 스타이브센트타운 피터 쿠퍼 빌리지다.[6] 뉴욕 맨해튼 남동쪽에 위치한 80에이커 규모의 대지 위에 110개의 주거용 건물, 1만 1,232호 아파트, 2만 5,000명의 인구가 거주하는 맨해튼 최대 규모의 아파트에 DUS 대출이 실시되었다. 아파트 단지 매수 기관인 블랙스톤 등은 DUS를 기반으로 협력 금융기관인 웰스 파고 멀티패밀리 캐피털Wells Fargo Multifamily Capital을 통해 27억 달러를 조달하였다. 10년 고정금리,[7] 10년 만기, 30년 상환 조건이

----

6 허윤경·김성환(2018), '미국 주택기업의 비즈니스 모델 분석', 한국건설산업연구원을 기초로 작성함.
7 美 언론에 따르면 실행된 금리는 공개하지 않기로 합의함.

었다. DUS 프로그램으로는 사상 최대 규모의 대출이었고 Fannie Mae는 임대료 통제 조건이 존재했기 때문에 대출이 승인되었음을 강조하였다. 블랙스톤은 DUS 대출 승인 이전에 웰스 파고로부터 1억 5,000만 달러를 조달하였다. 임대주택 대출 중 스타이브센트타운과 같은 대규모 대출 비중이 지속적으로 확대되고 있다. 2,500만 달러 이상의 비중이 2007년에는 1%에 불과하였으나, 2017년에는 20%까지 확대되었다.[8]

자료 : Fannie Mae 홈페이지(2019년 11월 5일 검색)

그림 2 Fannie Mae DUS의 4개 참여자의 역할

임대주택 대출은 단독주택 대출과는 본질적으로 다르다. 우선, 다수의 Unit를 포함하다 보니 건당 대출 규모가 단독주택에 비해 크다. 노인 주택, 학생 주택 등 다양한 자산 형태를 심사해야 함에

8   Fannie Mae, August 2018, Fannie Mae Multifamily Mortgage Business Information.

따라 복잡하다. 주택담보대출은 대출자가 주로 개인인 것과 달리 임대주택은 대부분 민간 기업의 형태다. 이에 따라 대출 구조 및 CMBS의 복잡성이 증가하기 때문에 임대주택 대출을 처리하는 것은 단독주택보다 어렵고 고비용 구조다. 또한 모기지 사후관리 기관인 서비서는 기업의 재무제표, 자산 상태 및 임대차 상황, 공실률 등 복잡한 사업 운용 요건 준수에 대한 모니터링을 수행해야 한다. 이에 따라 단독주택 시장은 2,000개가 넘는 금융기관이 취급하는 것과 달리 DUS는 25개의 한정된 금융기관과의 파트너십을 통해 운영되고 있다. 선별된 금융기관은 재무적 안정성, 광범위한 보험 및 서비스 경험, 강력한 포트폴리오 성과를 입증해야 합니다. 또한 협력 민간 금융기관은 Fannie Mae에 판매하는 상품과 관련된 손실 위험을 공유해야 한다. 일반적으로 민간 금융기관이 1/3, Fannie Mae가 2/3의 손실 위험을 분배하는 구조다. 25개 협약 민간 금융기관은 임대주택 대출 자금의 주요한 원천이다. DUS의 자금의 대부분은 민간 자본이며 Fannie Mae가 임대주택 시장에 제공하는 유동성 1달러당 98%는 DUS 대출 기관과의 손실 공유 계약을 맺은 금융기관이거나 MBS를 구매한 민간 자본으로 구성된다.

종합하면, DUS의 작동 원리는 임대주택 공급자인 대출자, 협력금융기관, 투자자라는 참여자의 이해를 Fannie Mae가 조율하여 모두 win-win할 수 있는 구도를 만드는 것에 있다. 대출자에게는 저렴한 자금을 제공하는 대신 최소 20%의 지분 투자를 강제하며 유지 관리 측면에서는 일정 수준 이하의 공실률 유지를 요구한다.

협력 금융기관은 신용 가치가 높아 수익이 명확한 금융 상품을 취급하는 대신 1/3의 손실 리스크를 담당하게 한다. 투자자는 고품질의 투자 상품을 제시하여 유동성을 공급하게 한다. 이를 작동하게 하기 위하여 Fannie Mae가 대출에 대한 보증을 실시하고 신용 손실에 대한 2/3의 손실을 담당하고 있다. 이러한 결과로 960만 호에 달하는 임대주택 공급을 위한 민간자금이 임대주택 공급시장에 원활하게 공급되었다.

2) 임대주택 자금지원 실적[9]

Fannie Mae는 지난 31년간(1988~2018년) 3,060억 달러 수준의 보증을 실시하였고 5,500억 달러의 유동성 제공하였다. 임대주택의 대출 규모의 시계열적 추이를 확인하면 지속적인 성장세가 확인되고 있다. 특히 최근 5년간 급격한 성장세가 확인되고 있다. 2017년 4분기 FRBFederal Reserve Board 자료 기준 MGAMortgage Banker's Association 의 분석에 따르면, 담보대출mortgage debt outstanding 중 임대주택의 비중은 약 8.7% 수준이다.

현재(2019년 1분기) 임대주택 대출 규모는 1조 4,320억 달러다. 이는 2010년 8,660억 달러 대비 1.7배 확대되었다. 특히 2015년 이후 성장세가 가파른데 2018년까지 연 8% 이상 대출 규모가 증가하였다. 임대주택 대출 중 Fannie Mae의 비중은 2007년에서 16% 밑까

---

9 'Fannie Mae, 2019, Multifamily Business Information Presentation'과 'Fannie Mae, 2019, Celebrating 30 Years of the Fannie Mae Delegated Underwriting & Servicing (DUS®) Program' 등을 종합하여 작성함.

지 낮아졌으나 2010년 이후에는 20% 내외를 유지하고 있다. 2019년 1분기 기준으로 Freddie Mac의 비중이 19%인 점을 감안하면 전체 GSE가 임대주택 시장에서 40%의 자금을 지원하고 있다. 이외에도 Ginnie Mae 8%, 주정부 및 지방정부 5%를 감안하면 임대주택 대출에서 공공 참여 및 지원이 과반을 넘는 것으로 이해된다.

(단위 : 십억 달러)

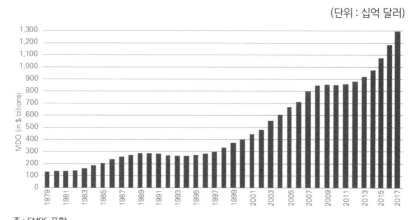

주 : CMBS 포함
자료 : Fannie Mae(2019), Celebrating 30 Years of the Fannie Mae Delegated Underwriting & Servicing (DUS®) Program.

그림 3 임대주택 대출 규모 및 Fannie Mae 비중 추이

2018년 Fannie Mae의 임대주택 사업은 62만 7,000호를 지원하였다. 이 중 90% 이상이 지역 중위소득area median income 120% 이하 가구를 위한 주택이 대상이었다. 구체적으로는 지역 중위소득 60% 이하 가구용 주택 32%, 60~100% 가구용 주택 51%, 100~120% 가구용 주택 8%로 조사되었다. 2019년 2분기까지는 비율이 소폭 감소하여 89% 수준으로 확인되었다. 그러나 2007년에서 2018년까지 12년간 지역 중위소득 120% 이내 가구용 주택 비중 평균은 92%

다. 일반적으로 지역 중위소득 120% 이내 가구용 주택을 저렴주택affordable housing으로 정의하는 지자체가 많다는 점을 고려하면, Fannie Mae의 임대주택 사업의 90% 이상이 저렴주택 공급을 위해 활용된 것으로 해석할 수 있다.

(단위 : 십억 달러, %)

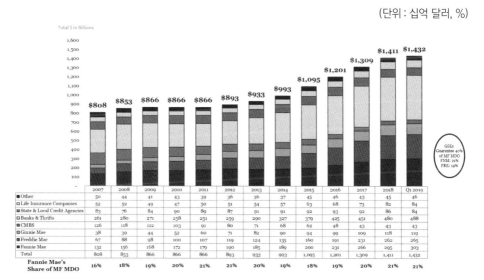

자료 : Federal Reserve, Fannie Mae(2019), Multifamily Business Information Presentation

그림 4 임대주택 대출 규모 및 Fannie Mae 비중 추이

Fannie Mae가 취급한 임대주택 대출유형은 경기 상황에 따른 영향이 큰 것으로 판단된다. 글로벌 금융위기 직전인 2007년에는 취득을 위한 대출이 65%에 이르렀다. 그러나 글로벌 금융위기 이후에는 대환대출 형태의 리파이낸스refinance가 증가하였다. 2009∼2011년까지는 70%를 넘어섰다. 금융변동성이 확대되면서 신규 취득보다는 리파이낸싱 수요가 증가하면서 나타난 현상으로 이

:: 미국 GSE의 임대주택(multifamily) 자금 지원 정책 사례

해된다. 2014년 이후 경기 회복과 함께 다시 취득 비중이 증가하면서 2019년 2분기 현재까지 40% 내외를 유지하고 있다. 즉, 경기 침체기에는 금융 여건이 취약해진 임대주택 사업자를 위해 유동성을 지원해왔고 경기 활황기에는 신규 임대주택 공급을 위한 자금을 제공해온 것으로 이해된다.

Fannie Mae와 협약 금융기관은 책임과 손실을 공유한다. DUS 대출에 대한 계약서 작성 및 서비스 책임을 DUS 협약 금융기관에 위임되고 기관별로 손실 공유 방법은 계약을 통해 지정한다. 가장 일반적인 손실 분담은 pari-passu로 불리우는 대출 기관은 손실의 3분의 1을 책임지고 Fannie Mae는 나머지 2/3를 맡는 방식이다.

(단위 : %)

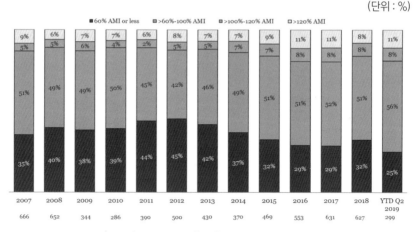

자료 : Fannie Mae(2019), Multifamily Business Information Presentation

그림 5 Fannie Mae가 취급한 임대주택의 소득 분포

(단위 : %)

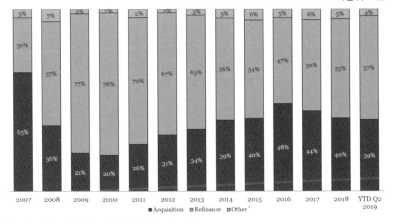

주 : 기타는 기존 자산에 대한 추가 금융 등이 포함됨
자료 : Fannie Mae(2019), Multifamily Business Information Presentation

그림 6 Fannie Mae가 취급한 임대주택 금융 유형

2018년 기준 손실 규모는 8백만 달러 수준이었고 이 중 협약 금융
기관이 3백만 달러, Fannie Mae가 5백만 달러를 책임졌다. 협약 금
융기관이 37.5%를 책임졌다. 2007년에서 2019년 2분기까지 협약
금융기관의 손실 분담 비율은 24.0%에서 40.0%의 범위를 보이고
있고 평균은 31.9% 수준이다. 대체적으로는 pari-passu 형태로 이
루어지고 있음을 확인할 수 있다. 다만 계약에 따라 협약 금융기
관별로 다양한 계약 형태는 가능하다. 최초 손실률을 책임지는
금융기관에서부터 손실 책임 의무가 없는 금융기관까지 계약 형
태별로 다르다. 손실과 이익이 연동되는 방식으로 계약은 이루어
진다. 그러나 손실 분담 요건은 협약 금융기관이 신용 위험을 적
극적으로 모니터링하고 관리하는 인센티브로 작동하고 있다.

Fannie Mae 임대주택대출의 채무 불이행 비율은 2017년 12월 31일 기준으로 0.11%에 불과하다. 글로벌 금융위기 시기인 2010년의 최대치도 0.80%에 불과하다. 반면, 당시 Fannie Mae의 경쟁상품인 CMBS의 채무 불이행 비율은 12%에 이르렀다. 금융위기 당시에도 낮은 채무 불이행 비율은 Fannie Mae의 보수적인 심사 기준과 손실 공유 모델의 금융 안정성 및 성과를 반영한다. 다만, 최근 주택경기 둔화 등의 영향으로 2019년 2분기 들어 소폭이나마 채무 불이행 비율이 상승하고, 손실 규모도 확대되고 있는 점은 모니터링이 필요해 보인다.

(단위 : 백 만 달러)

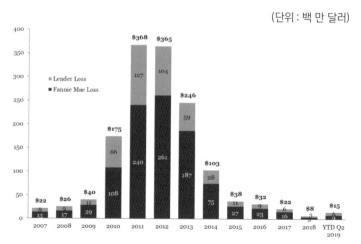

자료 : Fannie Mae(2019), Multifamily Business Information Presentation

그림 7 손실 규모

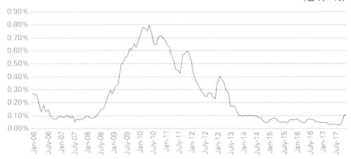

주 : 60일 이상 기준
자료 : Fannie Mae(2019), Celebrating 30 Years of the Fannie Mae Delegated Underwriting
& Servicing (DUS®) Program

그림 8 채무 불이행 비율

4. 결론 및 시사점

GSE의 임대주택 자금 지원 정책은 다수의 임대주택 공급이 이루어지게 한 바탕으로 이해된다. 지난 30여 년 동안 Fannie Mae에서만 960만 호의 임대주택 자금 지원이 이루어졌고, 임대주택 전체 대출에서 공공 비중이 과반을 넘는다. 특히 GSE의 비중은 40%에 이른다는 점은 임대주택 시장에서 GSE의 역할이 절대적이었음을 잘 보여준다.

GSE를 활용한 임대주택 자금 지원 정책의 핵심은 민간과 공공의 위험과 이익을 공유하는 방식에 있는 것으로 해석된다. 공공, 민간, 금융기관, 대출자가 권한과 책임도 공유하면서 글로벌 금융위기에도 금융시장 안정성을 확보케 했다. 대출자(임대주택 공급자)에게는 저렴한 자금을 지원하고, 금융기관에는 안정적인 상품을 취급케 했으며, 투자자에게는 고품질의 투자 상품 제공이라는 수요를 충족시켜 주면서 공공이 원하는 임대주택 공급이라는 목표를 달성시켰다. 반면 각 시장 참여자들도 지분 참여, 손실 분담 등의 역할을 부여하여 금융시장 안정에 기여할 수 있는 장치를 마련하였다.

최근 미국 주택시장에서 임대주택 대출 증가는 자가 거주 중심에서 임차 수요가 증가하는 구조 변화를 반영한다. 2004년 69.2%에 이르렀던 자가 점유율이 2016년 62.9%까지 낮아졌다. 인구 증가세는 유지됨에도 자가보유율이 낮아진다는 것은 임차 가구 증가를 의미한다. 밀레니얼 세대로 대표되는 미국의 젊은 세대가 과거에 비해 임대를 선호하는 경향이 뚜렷하다. 2025년까지 임차 가구 증가가 예측되기도 한다.[10] 결국 기관의 공적 관리 지속 여부와 상관없이 미국 담보대출시장에서 임대주택용 대출 증가와 GSE의 역할은 이어질 것으로 판단된다.

우리시장도 임대주택 물량 확대에 대한 논의는 지속되고 있다. 금융구조 다변화 및 민간자본 유인이 시급하다. 그러나 리츠를 활용한 뉴스테이의 단기적 공급 확대 이후 민간 부문의 비중 확대 속도는 더디다. GSE를 활용한 미국의 사례는 민간과 공공이 권한과 위험을 배분하는 방식으로 민간에서 자율적으로 임대주택이 공급되고 있다는 측면에서 시사점이 크다.

....

10 부동산 컨설팅 기업인 John Burns Real Estate Consulting(2017)은 2025년까지 125만 호 수준의 임차 가구 순증이 발생할 것이며, 현재 20~35세 그룹인 밀레니얼 세대에서 미래 수요를 창출할 것으로 전망함.

:: 참고문헌

보고서

한국은행(2012), 미국 주택금융 시장의 구조 개혁과 향후 전망.

허윤경 · 김성환, 2018, 미국 주택기업의 비즈니스 모델 분석, 한국건설산업연구원.

허윤경 · 이승우(2012), 금융위기 이후 미국의 모기지 지원 프로그램의 시사점, 한국건설산업연구원.

황상연(2009), 위기와 정부의 역할 : 대공황 이후 미국 주택금융정책과 서브프라임 사태, 경기개발연구원.

Fannie Mae(2012), An Overview of Fannie Mae's Multifamily Mortgage Business.

Fannie Mae(2019), Celebrating 30 Years of the Fannie Mae Delegated Underwriting & Servicing (DUS®) Program.

Fannie Mae(2019), Multifamily Business Information Presentation.

Fannie Mae, August 2018, Fannie Mae Multifamily Mortgage Business Information.

John Burns Real Estate Consulting(JBREC)(2017), Demographic Trends and the Outlook for Single Family Rentals.

Joint Center for Housing Studies of Harvard University(2017), America's Rental Housing 2017.

웹문서

Fannie mae 공식홈페이지. https://multifamily.fanniemae.com.

FHFA 공식홈페이지. https://www.fhfa.gov/

미국의 포용적 지역지구제와
포용주택 공급을 통한 사회통합 시도

미국의 포용적 지역지구제와 포용주택 공급을 통한 사회통합 시도

1. 들어가며

미국은 시장의 자율성에 대한 믿음이 높고, 주택 부문에서 국가의 개입이 상대적으로 약한 시장주의적 주택정책을 유지하고 있는 나라로 잘 알려져 있다. 이에 따라 정부에서도 주택모기지 제도 및 각종 금융 상품 개발과 지원을 통하여 자가주택 구입이 용이하도록 지원하는 역할을 담당하고 있다. 따라서 주택거래비용을 최소화하고, 강력한 주택보유세를 지역사회 발전에 사용하는 구조를 띄고 있다. 주택의 공급을 시장에 일임하기 때문에 상대적으로 저소득층을 위한 정부의 역할은 크지 않은 편이다. 미국에서의 저소득층을 위한 대표적인 직접 지원책인 공공임대주택은 사회적인 낙인과 빈곤 집중, 소수인종 밀집 등의 문제를 겪으며 지역사회를 쇠퇴시켰다. 이에 따라 직접적인 주택 공급 방식에서 수요자 지원의 간접 방식인 주택바우처 제도로 전환하게 된다. 저소득층 주택임대료를 보조하면서 민간시장에서 자신이 주택을 선택하도록 하여 빈곤의 공간적 집중을 완화하고자 하는 것이다. 그러나 여전히 부담 가능한 주택affordable housing에 대한 수요에 비해 공급이 부족한 상황이 지속되면서 다양한 형태의 부담 가능한 주택을 공급하기 위한 방안을 고안하고 있다. 민간의 참여를 유도하여 부담 가능한 주택을 공급하기 위해서는 계획고권의 활용과 인센티브 구조, 공적 규제가 함께 패키지로 이루어져야 하는데, 그 대표적인 사례 중 하나가 포용적 지역지구제를 통한 포용주택의 공급이다. 이하에서는 포용적 지역지구제의 도입 배경과 그 결과물인 포용주택의 형태와 종류, 특징을 살펴보고, 이를 통한 사회통합 가능성에 대해 탐색한다. 그리고 마지막으로 우리나라 주거정책에 함의를 고민하고자 한다.

2. 포용적 지역지구제와 포용주택

1) 포용적 지역지구제 도입 배경

포용주택inclusionary housing은 시장에서 만들어진 재원을 통하여 부담 가능 주택affordable housing[1]을 공급하고 사회적 통합social inclusion을 증진시키려는 목적으로 활용되는 계획 시스템을 지칭한다. 따라서 포용주택은 프로그램이나 규제 또는 법체계를 지칭하기도

---

1   미국의 경우, 사회주택(social housing)이라는 용어 자체가 잘 사용되지 않는다. 대신 일정 소득 수준 이하의 가구가 점유하고 소득대비 주거비/임대료 지출이 과도하지 않아 부담 가능하도록 지어진 주택을 일컫는 부담 가능 주택(affordable housing)이 통용된다. 우리나라에서는 이의 번역으로 부담 가능 주택이나 저렴주택이 혼용되고 있다.

하고 이를 통해 공급된 주택에 한정되어 사용되기도 한다.[2]

포용주택의 도입은 1970년대 초 미국에서 기원한 것으로 점차 캐나다, 서유럽으로 퍼져 나갔고, 최근에는 호주, 인도, 남아프리카와 같은 나라로 까지 확산되고 있다. 부담 가능 주택의 공급이 그 초기에는 자선사업가들philanthropists로부터 시작되어, 정부기구가 참여하는 식으로 확대되었다. 1960년대에 미국정부가 민간 부문의 영리추구 개발업자로 하여금 저렴주택을 공급하도록 하기 위해 자금을 지원하기 시작하였다. 그러나 이때도 개발업자들이 건설하는 저렴주택단지가 이전 세기에 지어진 공공임대주택처럼 일반 주거지에서 멀리 떨어진 형태로 분리된 형태로 건설되었다. 이러한 배경에는 배타적 지역지구제exclusionary zoning가 자리 잡고 있는 것으로 이해할 수 있다. 미국에서 포용주택의 시작에 대해서는 연구자의 관점에 따라 다른 해석이 가능하지만, 시민권운동과 연결해볼 수 있다. 즉, 1960년대의 시민권운동civil right movement으로부터 포용주택의 초창기의 정신적 추진력을 얻은 것으로 보인다. 이와 함께 미국사회에 팽배한 인종적 분리racial segregation와 배타적 조닝exclusionary zoning이라고 알려진 토지 이용 규제 시스템 사이의 밀접한 관계를 인식하게 된 것이 포용적 지역지구제와 포용주택제도 도입의 시작이라고 볼 수 있다. 실제로 포용적 지역지구제inclusionary zoning라는 용어 자체는 배타적 지역

----

2   미국에서 발간된 문헌은 포용적 지역지구제와 포용주택을 엄격하게 구분하기보다 상호 유사한 개념으로 호환하여(interchangeable) 사용하고 있다. 그러나 이 장에서는 포용적 지역지구제는 계획과 제도로, 포용주택은 그 결과물로 공급된 주택으로 구분하여 사용한다.

지구세exclusionary zoning의 대척점인 반대 측면을 반영한 것이고, 이런 독특한 조닝zoning이 아니라면 배타적이고, 부유한 교외지역 에서는 저렴한 주택이 공급되지 못할 것인데, 이를 가능하도록 고 안된 전략이라는 의미로 사용되는 것이다.

포용주택 제도의 발전 배경은 1970년대 발생한 주택시장 상황의 반작용으로 이해될 수 있다. 특히 캘리포니아에서 두드러지게 나 타난 급격한 주택 가격 상승, 이로 인한 토지이용의 증가와 환경 운동가들의 활동증가 등에 영향을 받은 것이다. 환경운동의 결과 물 중 하나는 주정부와 지방정부 공무원이 토지이용 관리에 초점 을 맞추도록 했다는 것인데, 개발 허가 건수의 상한선을 두어서 규제한다든지, 개발 영향 부담금impact fees의 사용과 범위를 확대 하는 식으로 성장관리growth management controls 전략을 채택한 것이 다. 1980년대까지 이런 경향은 지속적으로 강화되었는데, 레이건 행정부하에서 저렴한 주택 공급을 위한 연방정부의 펀딩이 급격 하게 감소하면서 공공 부문에 의한 저렴주택 공급보다 민간을 활 용한 방식과 함께 도시계획적 수단을 접목한 방안이 강구된 것이 다. 이는 공공주택 공급에 대한 공적 자금지원이 중단되면서, 저 렴한 주택 부족에 대하여 시장을 통해 어떤 해결책을 찾아야 한다 는 요구가 높아졌기 때문이다.

포용주택 프로그램이 처음 도입된 것은 1970년대 초반으로 샌프 란시스코와 워싱턴 D.C. 주변의 부유한 카운티와 교외지역 몇 군 데에서 시작되었다. 특히 1971년 버지니아주의 페어팩스 카운티 Farifax County에서 최초로 용도지역 지구제조례zoning ordinance를 통해 포용주택건설 의무기준inclusionary requirements이 명문화되었다. 그 내용은 개발업자들이 신규주택이나 아파트 건설 시 15%를 저렴한 주택으로 할당해야 한다는 것이다. 대법원까지 가는 법정 공방을 통해 일부는 소멸하였지만 일부는 여전히 유효하게 시행 중이다. 또한 캘리포니아주의 팔로알토Palo Alto와 워싱턴 D.C. 인근 부유한 교외지역인 메릴랜드의 몽고메리Montgomery 카운티에서도 여전히 포용주택 공급에 관한 조례가 작동 중이다.

1980년대에는 주거용인 아닌 비주거용 건축물과 연계된 조례3를 통한 포용주택 공급이 시행되었다. 샌프란시스코에서는 1981년에 처음으로 이 조례를 도입하고 이어 1986년 보스턴으로 이어졌다. 1983년 뉴저지주 대법원의 판결Mt. Laurel decision에 따라 지방정부가 저소득 가구의 주택소요를 책임져야 할 뿐 아니라 포용적 지역지구제 조례가 이런 소요에 대응하는 방법으로 합법적이고 정당한 방법임이 확인된 것이다. 이러한 결정은 인종과 소득에 따라 주거지가 분리가 팽배해 있는 미국 대도시권의 뿌리 깊은 사회적 문제에 대해 일개 주의 사법제도를 통해 발생한 획기적이고 엄청난 결정과 사회적 도전이었다. 그 결과 뉴저지주에서는 1985년 뉴저지 공정주택법New Jersey Fair Housing Act in 1985이 도입되었고, 이 법으로 인해 부담 가능 주택 위원회Council on Affordable Housing: COAH라는 주정부 주택 조직이 설립되어 지방정부에게 적정한 할당량

3 　비주거용 건축 연계(linkage)라고 알려진 포용주택 유형에서는 오피스빌딩이나 쇼핑센터와 같은 비주거용 시설을 건립하는 개발업자가 저렴주택 건립을 위한 펀드(affordable housing trust funds)에 기여하도록 요구된다. 얼마나 기여하는지 정도는 새로운 시설이 입지하면서 창출해내는 일자리에 따라 필요한 저소득층 주택이 얼마나 필요한지에 연결(link)되어 있기 때문에 연계 조례라는 명칭이 사용되는 것이다.

fair share 목표를 달성히도록 하고, 그 목표 달성을 위해 적절한 계획municipal plans을 수립하였는지 검증하는 역할을 담당하게 되었다. 공정주택법은 뉴저지주에서 발생하는 주택 공급과 토지 이용에 심대한 영향을 미쳤다. 2001년 중반까지 약 절반 정도의 지방정부에서(급격히 성장한 교외지역은 거의 다 포함) COAH에 계획을 제출하여 승인을 요청하였다. 2006년까지 이런 지방정부에서 39,000호 이상의 중저소득층을 위한 신규 저렴주택 건설을 착공하였고, 2008년까지 10,400호의 저렴주택을 중심도시와 인근교외지역inner-ring suburbs에 건설하거나 주택 개량에 사용에 할 수 있게 되었다. 물론 그 수치 자체는 중저소득층을 위한 저렴주택 수요를 모두 만족시킬 정도로 충분한 것은 아니지만, 그럼에도 불구하고 이는 상당한 양인 것으로 평가된다. 뉴저지주에서 1985~2000년 사이에 이루어진 중저소득층을 위한 주택건설은 동기간 다른 어느 주와 견주어도 뒤처지지 않는 수준이기 때문이다.[4] 미국이 시장주의적 주택정책을 지향하면서도 기회의 균등equality of opportunity을 사회적 가치로 여기는 국가임을 감안하면 뉴저지주 대법원 결정은 이런 가치가 주택 및 토지이용 분야에 적용된 강력한 표상이라고 할 수 있다.

---

4 그러나 모든 일에는 두 가지 이야기가 존재하듯이 법원 결정의 양면성이 있어 고위 공무원은 이에 대한 불신을 표출하고 있고 행정적인 부담 등이 모두 연결되어 점점 위태로운 상황에 오고 있는 것이다. 2009년 뉴저지주 주지사 선거에서는 공개적으로 법원의 이 결정에 반감을 표시하고 공정주택법의 무효를 위해 노력할 것이라고 주장하기도 하였다. 상황이 점차 나빠지고 있어서 향후 뉴저지에서의 포용주택 공급에 위협 요인이 될 것으로 보고 있다.

2) 포용주택 공급 형태와 종류

포용적 지역지구제는 미국 전역 27개 주, 487개 지역에서 채택되고 있고, 이 중 80%는 주택 문제가 심각하여 인구가 밀집한 3개 주(뉴저지, 캘리포니아, 매사추세츠주)에 밀집해있다. 총 489개 프로그램 중 캘리포니아에 150개, 뉴저지에 180개, 메사추세츠주에 57개가 분포하여 대다수를 차지하고 있다.

포용적 지역지구제를 통한 포용주택 공급 시 대상자 선정은 지역 상황에 따라 다른 양상으로 표출되고 있다. 포용주택 수혜 대상자는 해당 지자체의 정책 수혜자가 어떻게 결정되는지에 따라 달라지며, 지역의 주거 소요와 주택 수급 상황을 면밀하게 검토한 후 확정된다. 대체로 포용주택은 지역 중위소득의 60~120% 정도에 해당하는 중저소득층을 대상으로 하는 경우가 많다. 많은 도시에서 저소득층을 위한 적정 가격의 주택 공급이 부족하기 때문에 주로 저소득 또는 최저소득(지역 중위소득의 30~50% 수준) 가구를 대상으로 포용주택 프로그램을 고안하는 것이 일반적이다.

표 1 포용주택 공급 제도를 채택한 주별 프로그램 수

주	수	주	수	주	수
Alabama	–	Maine	1	Oregon	1
Alaska	–	Maryland	5	Pennsylvania	6
Arizona	–	Massachusetts	57	Rhode Island	11
Arkansas	–	Michigan	–	South Carolina	–
California	150	Minnesota	–	South Dakota	–
Colorado	12	Mississippi	1	Tennessee	2
Connecticut	2	Missouri	–	Texas	1
Delaware	1	Montana	–	Utah	1
Florida	4	Nebraska	–	Vermont	2
Georgia	2	Nevada	–	Virginia	5
Hawaii	1	New Hampshire	1	Washington	8
Idaho	–	New Jersey	180	Washington DC	1
Illinois	6	New Mexico	1	West Virginia	–
Indiana	–	New York	16	Wisconsin	–
Iowa	–	North Carolina	10	Wyoming	1
Kansas	–	North Dakota	–		
Kentucky	–	Ohio	–		
Louisiana	–	Oklahoma	–	Total	489

자료: Jacobus(2015)

그림 1 포용적 지역지구제 프로그램 도입 지역의 분포

자가 소유를 위한 포용주택 대상자는 지역중위소득의 120%에서 최대 150%까지 공급되는 반면, 임차가구를 위한 포용주택은 지역중위소득의 50%에서 주로 80%에 머물고 있음을 확인할 수 있다(〈그림 2〉 참조). 즉, 더 낮은 소득 계층을 중점적으로 보호하고 있는 것이다.

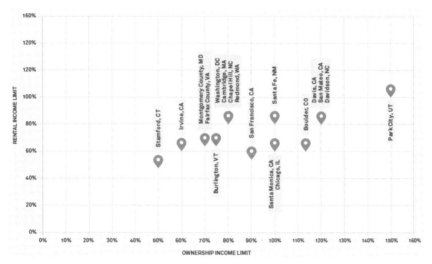

자료 : Jacobus(2015: 25)

그림 2 포용적 주택 공급 대상 소득 계층

시장기제를 활용하는 제도의 특성상 포용주택 공급을 위해서는 일정한 인센티브가 필요하다. 포용적 지역지구제를 통하여 개발사업을 진행하는 개발업자에게 부여하는 인센티브는 용적률 인센티브를 포함해 다양한 형태로 이루어진다. 가장 대표적인 용적률 보너스 외에 보조금, 인허가 절차 신속화, 건축기준에 대한 완화, 각종 부담금 감면 및 이연, 지역별로 적용되는 개발제한 면제 등이 있다. 용적률 보너스는 일반적인 주택건설 시 부여되는 용적률보다 더 높은 용적률을 부여하여 민간건설사업에서 부담 가능 주택이 건설될 수 있도록 유도하는 대표적인 방법이다. 인허가 절차 신속화는 개발사업 허가 과정에서 시간은 비용과 직접적인 관계를 맺고 있기 때문에 우리나라가 대량 주택 공급 시 활용했던 의제 처리와 같이 개발 허가 과정을 신속하게 처리해주는 것을 의미한다. 각종 부담금은 개발사업과 연동하여 개발영향부담금, 상업시설 건설 시 요청되는 주택건설부담금, 대체부담금 등이 있으며, 이러한 부담금을 축소하거나 납부를 이연하는 것이 해당된다. 총 250개 조사 대상 중 146개 프로그램이 용적률 보너스 제공하고 있고, 각종 비용이나 부담금을 면제해주는 인센티브가 69개, 개발 승인 절차를 간소화하여 개발 허가에 소요되는 시간을 단축시키는 경우가 49개로 나타난다. 이는 시간 비용을 감안한 인센티브로 이해할 수 있다(〈그림 3〉 참조).

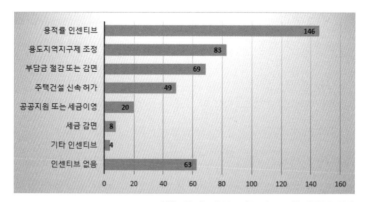

자료 : Thaden & Wang(2017), p.39를 바탕으로 작성

그림 3 포용적 지역지구제를 통한 인센티브의 종류

3) 포용주택 공급 프로그램 특징

포용적 지역지구제를 통해 공급된 부담 가능 주택은 일정 기간 이상 저렴하게 유지되어야 하는 의무기간이 존재하는데, 절반 이상이 50년 이상을 요구하고 있다. 14년 이하의 비교적 짧은 의무기간을 요구하는 비중은 전체 포용주택의 10~15%(임대주택은 12%, 자가주택은 15%)에 불과하고, 가장 많은 비중은 99년 이상 또는 건물 수명이 다할 때까지 영구적으로 저렴하게 유지하는 조건이다.

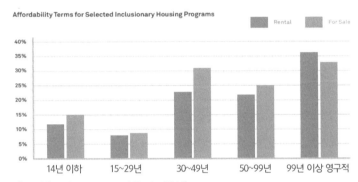

자료 : Hickey, Sturtevant, and Thaden(2014)

그림 4 포용적 지역지구제를 통한 주택의 의무적 저렴 기간

포용적 지역지구제를 통해 건설되어야 하는 부담 가능 주택의 의무건설비율은 지자체별로 상황이 다른데, 부담 가능 주택에 대한 수요가 높은 지역의 의무비율이 높다. 캘리포니아주에서는 최소 15%에서 최대 35%까지 의무건설 비율을 요구하고 있고, 매사추세츠주 캠브리지 15%, 메릴랜드주 몽고메리 카운티 15%, 페어팩스 카운티 20%를 요구하고 있어 대도시 지역의 높은 주택 수요에 대응하는 것을 확인할 수 있다.

포용적 지역지구제는 주택 가격이 높게 형성되고, 또 가파르게 상승하면서 해당지역의 중저소득층이 거주하기에 적합한 수준의 적정한 가격의 임대 및 자가주택 부족에 대한 지방정부의 대응에서 시작되었다. 따라서 주택 가격이 높은 곳에서 오히려 상당히 높은 수준의 부담 가능 주택 의무비율을 요구하고 있는 것이 특징적이다. 우리나라에서 주택 가격이 높은 곳에 부담 가능 주택 공급이 어렵다는 주장의 근거가 미약함을 드러내는 좋은 사례이고, 최근 서울을 비롯한 수도권에서 다양한 형태로 부담 가능 주택을 공급하려는 시도도 이와 일맥상통한다고 볼 수 있다.

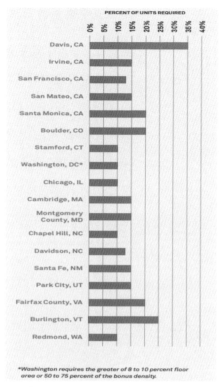

자료 : Thaden & Wang(2017), p.39를 바탕으로 작성

그림 5 포용적 지역지구제를 통한 인센티브의 종류

포용주택 프로그램이 적용되는 최소한의 개발 단위는 소규모 개발이 대부분이다. 최소 규모 주택건설이 적용되지 않는 경우가 대부분인데 임대용 주택(128건), 자가용 주택(113건) 건설 모두에 해당한다. 또한 그다음으로 많은 경우가 2호 이상 5호 이하로 대부분 소규모 주택 건설에도 적용하는 것을 알 수 있다. 규모와 상관없이 포용적 주택 공급의 예외를 두지 않고 있다는 것을 확인할 수 있는 대목이다.

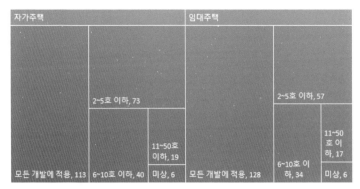

주 : 임대주택 총 242개 프로그램, 자가주택 총 251개 프로그램 검토
자료 : Thaden & Wang(2017), p.44를 바탕으로 재구성

그림 6 포용주택 공급을 위한 최소 주택개발 규모

4) 포용주택 공급 프로그램 사례

대상자의 소득기준은 다양한 편이지만 대체로 임대주택은 저소
득계층을 위하여, 자가주택은 중저소득층을 대상으로 공급하고
있다. 최대 소득이 지역중위소득의 50~60% 이하인 최저소득층
인 경우는 주로 임대주택 공급 시 많이 발견된다.

임대주택이나 자가주택 모두 지역중위소득의 61~80% 소득의
저소득층을 대상으로 하는 경우가 가장 많아, 주력 대상 계층임을
알 수 있다. 자가주택은 중위소득의 101~150%까지 포함하는 중
간 소득층을 대상으로 공급하는 경우도 상당히 많이 발견되고 있
어 점유 형태에 따른 대상 계층의 부담 능력을 고려하는 것으로
보인다.

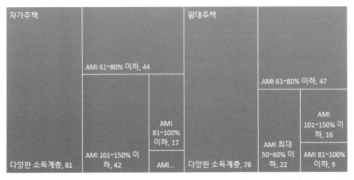

자가주택

임대주택

AMI 61~80% 이하, 44

AMI 61~80% 이하, 47

AMI 101~150% 이하, 16

AMI 81~100% 이하, 17

다양한 소득계층, 81

AMI 101~150% 이하, 42

AMI…

다양한 소득계층, 78

AMI 최대 50~60% 이하, 22

AMI 81~100% 이하, 9

주 : 임대주택(청색 n = 185), 자가주택(주황색 n = 201)
자료 : Thaden & Wang(2017), p.47

그림 7 포용주택 공급 시 대상 계층의 소득 수준

3. 포용주택을 통한 사회통합 가능성

인종의 다양성과 함께 주거지 분리가 심각한 미국에서는 도시 지역 내 빈곤층 집중에 따른 사회적 문제에 관심을 갖고 있었다. 특히 Williams J. Wilson(1987)은 사회적으로 고립된 지역에서 빈곤층이 집중하여 거주함으로써 하층계급underclass이 발생하고, 이는 한 번 발생하면 헤어나오기 어려운 상황에 봉착함을 지적하였다. 심지어 경제적으로 부유한 주민이더라도 이러한 빈곤층 집중 지역에 거주하게 되면 상당한 수준으로 사회적·경제적 불이익에 노출되고, 겪게 된다는 명백한 증거가 있다는 것이다.

미국인 80%는 근로의식, 야망, 교육이 경제적 상승을 결정하는 주요인이라고 생각한다. 가난한 동네에서 자란 창의적이고 야망 있는 청년이 그런 마음가짐이 없지만 부자동네에서 자란 청년보다 경제적으로 성공할 것이라고 믿는다. 그러나 이런 인식과는 달리 근린의 영향은 대단했다. 아동기를 빈곤율이 높은 근린에서 보낸 이는 성인이 되었을 때 경제적 하락을 겪을 위험이 상당하게 나타났다. 빈부의 격차가 심각한 근린일수록 경제적 상향이동이 어렵고 다양한 소득 수준의 주민이 혼합된 경우일수록 상대적으로 경제적 이동성이 높다. 즉, 뉴욕과 같이 경제적 층위가 심각하게 나누어져 있는 곳에서 경제적 상승 사다리에 올라탈 가능성은 보스턴과 같이 경제적으로 사회적 혼합이 높은 곳에 비해 현저히 낮다(Urahn et al., 2013). 이는 근린에 다양한 소득계층의 혼합이 필요함을 역설하는 것으로 이해할 수 있다.

정책결정자의 사회적 혼합에 대한 희망과 실제 연구 결과의 차이도 주목할 부분이다. 즉, 사회적 통합을 희망하는 정책입안자는 저소득층과 고소득 거주민이 인근에 함께 거주하면 사회적 상호작용이 발생하여 궁극적으로 저소득층에게 직업의 기회나 다른 자원에 대한 접근성이 높아질 것이라고 기대한다. 그러나 실제 연구 결과는 이런 희망이 매우 비현실적임을 드러내고 있다. 예를 들면, 도시연구소Urban Institute에서 다양한 소득계층의 혼합을 유도하고 지원한 주택 프로그램 수십 개를 분석한 결과, 소셜믹스 주거단지에서 저소득층과 고소득층 간에 유의미한 사회작용이 있었다는 증거는 매우 찾기 어려웠음을 지적하고 있다. 또한 고소득층이 보유한 사회자본이나 직업의 기회나 연결망으로부터 저소득층이 어떤 혜택을 받았다는 증거를 찾을 수 없었다는 것이다. 심지어 비슷한 소득 수준과 인종 집단 간에도 이러한 사회적 교류를 확인하기는 어려웠다(Levy, McDade, and Dumlao, 2010).

즉, 다른 인종과 다른 소득 계층 사이에서 중요한 정보를 전달하고 그 사회적 자본이 저소득층의 사회적 이동에 도움이 될 것이라는 소셜믹스social mix 정책은 정책결정자들의 희망에 불과할 가능성이 높음을 시사하는 것이다.

전통적 주택정책의 소셜믹스 성과는 공간적 수준에 따라 유의미한 성과의 도출이 달라질 수 있다. 경제적 격차가 있는 집단이 동일한 주거단지에 거주함으로써 얻을 수 있는 즉각적인 효과는 측정하기 어렵고 잘 발견되지 않았다. 소셜믹스 단지는 주로 학업성적이 낮은 지역에 입지하고 있었다. 공공임대주택이 입지한 곳에서 가장 가까운 공립학교의 학업성적은 하위에서 20퍼센트 이하(19퍼센터일)이었다. 저소득주택세액 감면 프로젝트LIHTC 인근 학교는 30퍼센터일로 공공임대주택보다는 조금 나은 수준에 불과하였다. 주택바우처를 소지한 가구가 입지한 주거지역의 평균적 학업성적은 26퍼센터일이었다. 수십 년간 지속된 연방정부의 빈곤의 분산(소셜믹스) 정책에도 불구하고(Park, 2011) 경제적 측면에서 사회적 통합은 아직 유의미한 성과를 거두었다고 보기 쉽지 않은 듯하다.

예를 들면, 캘리포니아주의 사례를 들 수 있다. 샌프란시스코의 중앙시장 인근 근린의 변화에 따라 NEMA로 불리는 최고급 아파트가 건설되었다. 트위터의 신규 본사 길 건너에 위치한 최고급 럭셔리 아파트로, 최고의 시설을 구비하고 있어 24시간 운영되는 스파, 반려견 산책 서비스 등이 포함되어 있다. 최근에 발생한 다른 개발사업과 마찬가지로 NEMA도 총 750호 중 12%를 저소득층이 부담 가능한 수준으로 임대해야만 하는 의무규정을 적용받았다. 그렇다면 과연 실제 입주한 저소득층의 경험은 어떠한가? 최고급 아파트에 입주한 저소득층의 삶을 취재하기 위해 영화제작자가 입주민을 따라서 거주과정을 취재한 결과는 상당히 흥미롭다. 입주한 가구는 골든게이트 교량 하단의 자동차van에서 숙식하며 살다가 노숙자가 되어 임시거처인 쉘터에 머무른 후 이곳 NEMA에 입주할 자격을 얻었다. 그러나 실제 입주한 가족은 이곳에서의 새로운 삶이 매우 이상하고 기이한 거북한awkward 것이라고 표현하고 있다. 즉, '이 빌딩 전체에 아이가 있는 가정이 하나도 없는데, 개를 위한 목욕시설은 갖추고 있다니 얼마나 기이한가?'라는 질문이다. 쉽지 않다.

과연 이 사례로 우리가 얻을 수 있는 교훈은 무엇일까? 한편으론 바로 옆에 위치한 다른 개발지를 볼 필요가 있다. 바로 건물 전체가 포용주택으로 건설된 경우이기 때문이다. NEMA 아파트 옆에 다른 주거용 건물 동은 비영리 단체인 TNDCTenderloin Neighborhood Development Corporation라는 커뮤니티 개발회사가 개발한 건물이다. 샌프란시스코의 포용주택 프로그램에 따라 건설된 것인데, 건물 동 전체 190호를 모두 중저소득 가구가 거주할 수 있도록 저렴한 주택으로 개발하였다. NEMA는 대부분 스튜디오와 방 1개로 구성되어 있는 아파트인 데 비해 TNDC가 개발한 아파트는 방 2개가 대부분이고 방 3개 주택이 포함되어 있다는 차이가 있다. 이 건물 건축의 재원 중 일부는 인근에 럭셔리 아파트 650호를 건설하는 개발사업에서 해당 부지에 건설하지 않고 인근부지에 건설하는 옵션을 선택했기 때문에 그 사업으로부터 재정적 도움을 얻게 된 것이다. TNDC와 럭셔리 아파트 건설 모두가 서로에게 이득이 된 셈이다.

자료 : Jacobus(2015), p.36

그림 8 캘리포니아주 샌프란시스코에서 TNDC가 개발한 부담 가능아파트 건물

4. 한국 주거정책에의 시사점

포용주택 프로그램을 통해 해결하려고 하는 문제는 크게 네 가지로 압축된다. 성장에 따른 과실의 공유, 경제적 연결과 사회적 통합, 부담 가능한 적정한 가격의 주택 부족 문제의 해결, 연방정부 재정 지원 부족 문제의 대응이 그것이다. 그동안 이루어진 포용적 지역지구제를 통한 포용주택 건설 실적을 미국 전체로 정확하게 집계하기는 어렵지만 가장 최근의 구득 가능한 자료를 통한 실적은 443개 지자체로부터 약 5만 호(49,287호)의 부담 가능 자가주

택이 건설되었고, 581개 지자체로부터 약 12.2만 호(122,320호)의 부담 가능 임대주택 건설되었으며, 164개 지자체로부터 추가적인 2,100호 부담 가능 주택 건설이 이루어진 것으로 나타난다. 그렇다면 과연 이런 성과가 모든 곳에서 가능한가?

모든 주택 시장에서 작동 가능성 여부는 내·외생적 제약으로 구분할 수 있다. 우선 포용적 지역지구제를 통한 포용주택 건설은 성장을 기반으로 작동하는 기제이다. 즉, 새로운 주택 공급에 대한 요구가 높고, 주택 가격 상승이 기대되는 곳에서 그 가격 차이를 공공이 계획고권을 활용하여 일부 환수하는 것이다. 환수의 형태가 중저소득층도 함께 거주할 수 있도록 허용하는 부담 가능한 주택의 형태를 띠는 것이다. 즉, 주택 가격 상승이 기대되지 않은 시장, 작은 커뮤니티, 포용주택에 대한 행정 부담을 감당할 수 없는 지자체에서는 작동하기 어렵다는 내생적 한계가 있다. 주택 건설 공급량이 많지 않은 소규모 커뮤니티에서는 포용주택 건설을 위한 행정 부담이 포용주택 건설을 통해 창출되는 이익을 상회할 것이므로 비효율적이다. 그러나 캘리포니아주의 경우, 전체 포용 프로그램의 1/3이 작은 커뮤니티에서 시행되고 있다. 이들 소도시는 기존에 외곽에 입지한 곳이었으나, 통근자들이 급증하면서 근린에서 부담 가능 주택이 급격히 감소하는 것을 목격하고 포용 프로그램을 도입한 것이다. 소도시는 주민들이 자신의 주거 지역에 대한 이해와 애착이 높기 때문에 이 점이 오히려 포용 프로그램 도입을 가능하게 하는 요인이 되기도 한다는 것이다. 우리나라에서 발상의 전환을 요구하는 지점이 될 수 있는 부분이다.

시장주의적 주택정책의 선도적 국가인 미국에서 계획고권을 활용한 저렴주택 공급에서 우리는 큰 시사점을 얻을 수 있다. 주택가격의 급등과 저렴주택 부족에 따른 저소득층 주거 문제 심각성을 인지한 지방정부에서 계획 수단을 활용하여 부담 가능 주택을 공급하는 데 적극적이라는 것이다. 특히 주택 가격이 높은 지역인 뉴저지, 캘리포니아, 매사추세츠 등 대도시 지역에서의 적극적 활용이 눈에 띄는 점이다. 대도시 내 주택 공급 시 규제를 강화하거나 부담금을 추가하면 주택 공급이 감소할 것이라고 주장하는 한국적 상황과는 상당히 다른 사회적 분위기를 감지할 수 있다. 또한 포용적 지역지구제를 활용한 포용주택 공급의 실효성을 극대화하기 위하여 의무기간을 장기화하여 보통은 최소 30년 이상 저렴하게 유지하도록 하고, 약 1/5은 영구적으로 저렴하게 유지하도록 요구하고 있다.

특히 우리가 주목해야 할 점은 대도시와 같이 주택 가격이 높은 곳에서 임대주택 공급이 어렵다는 시장주의적 논리에 대한 반박 근거를 제공한다는 것이다. 미국의 포용적 지역지구제는 주택 가격이 높게 형성되고, 또 가파르게 상승하면서 해당지역의 중저소득층이 거주하기에 적합한 수준의 적정한 가격의 임대 및 자가주택 부족에 대한 지방정부의 대응에서 시작되었다는 것에 주목할 필요가 있다. 주택 가격이 높은 곳에서 오히려 상당히 높은 수준의 부담 가능 주택 의무비율을 요구하고 있는 것이 특징이다. 시장가격이 높으니 이를 감당할 수 없는 가구는 진입하지 말라는 것이 아니라 다양한 계층이 함께 거주할 수 있도록 사회적 환경을 구축하자는 것이 이 정책의 지향점인 것이다. 우리나라에서 주택 가격이 높은 곳에 부담 가능 주택 공급이 어렵다는 주장의 근거가 미약함을 드러내는 좋은 사례라 볼 수 있다.

1) 가장 시장적이지만 그럼에도 불구하고 대상자의 부담 능력을 배려한 프로그램 고안

포용적 지역지구제를 통해 공급된 포용주택의 대부분이 30년 이상, 절반 이상이 99년 이상의 영구적인 저렴함을 요구하고 있다. 건물의 수명이 다할 때까지 영구적으로 해당 거주자의 소득 수준에 맞추어 부담 가능affordable하도록 요구하는 것이다. 우리나라에서 택지, 예산 및 저리의 공적 자금을 지원 받아 건설하는 공공임대주택의 의무 임대기간이 최대 50년에 불과한 것에 비교하면, 시장원리를 활용한 포용주택의 사회적 의무가 상당히 높은 수준임을 알 수 있으며, 우리나라 공공임대주택 정책의 공공성을 높이는 방법을 고민해야 하는 시사점을 얻을 수 있다. 또한 시세에 연동한 임대료 체계의 허구를 반박하는 좋은 증거이다. 심지어 가장 시장적인 주택정책을 채택하고 있는 미국에서조차 가장 보호 받아야 할 대상에 대해서는 거주자의 소득 수준을 고려하여 부담할 수 있는 정도로 공급하고 있는 것이다.

포용주택 프로그램이 적용되는 최소한의 개발 단위는 소규모 개발이 대부분이다. 최소 규모 주택건설이 적용되지 않는 경우가 점유 형태와 무관하게 대다수를 차지하고 있다. 또한 그다음으로 많은 경우가 2호 이상 5호 이하로 대부분 소규모 주택 건설에도 적용하는 것을 알 수 있다. 포용주택 공급을 요구하는 조례가 제정된 지역사회에서는 거의 모든 개발행위에 때해 사회적 책무를 요구하고 있음을 알 수 있다.

잔여적 주거복지정책을 펼쳐온 우리나라에의 적용 가능성은 어떠할까? 미국의 공공임대주택과 같이 대단지로 집중 공급하는 방식은 빈곤을 집중시키는 대표적인 사례로 잘 알려져 있다. 그 대안으로 저소득층이 스스로 민간시장에서 거주할 주택을 찾아 해당주택에 거주할 때 임대료를 보조하는 바우처 프로그램이 도입되었다. 바우처 소지자들이 부유한 근린에 접근하는 긍정적인 효과도 있으나 모든 지역에 적용될 정도로 일반화되기 어려운 점도 있다. 그에 비해 포용주택의 경우, 시장가격 수준의 주택과 저렴주택을 동일한 단지나 동에 입지시키거나 인근에 건설하도록 함으로써 직접적인 소셜믹스를 추구하고 있다. 성과에 대해서는 여전히 연구가 진행 중이나, 고소득층과 저소득층 거주자들 사이에 기대했던 것보다 활발한 소통이 이루어진다는 보고는 아직까지 쉽게 찾기 어렵다. 그러나 입지한 근린의 소득 수준이 높고, 자녀들이 다니는 공립학교 학업 성취도가 높다는 것은 향후 잠재적인 소셜믹스의 성과를 기대하게 하는 부분이므로 시간적 성숙도를 고려하면 초기성과로는 그리 나쁘지 않을 수도 있다. 우리나라는 임대주택과 분양주택을 혼합한 경우, 임대주택 거주자에 대한 비하, 몰상식적 태도, 자녀 학교 분리 요구 등을 경험한 바 있어 상당히 조심스러운 접근이 요구된다. 아직 사회적으로 다양한 소득계층이나 사회적 배경이 다른 사람이 함께 거주하는 것에 대한 수용도가 낮은 배타적인 사회를 극복해야 한다.

2) 과연 모두를 만족시킬 대안이 가능할 것인지

물론 캘리포니아주의 경우에서 보는 것처럼 TNDC와 같은 타협의 사례는 논란의 여지가 있다. 많은 경우, 부유한 건물 내에 저렴주택을 직접 혼합하는 방식이 공공 부문 입장에서 더 선호하는 방식이고, 긍정적인 결과를 가져온다고 믿고 있다. 주택 옹호자 housing advocates들의 주장은 개발업자들이 직접 해당 부지에 건설하지 않고 외부로 빼려는 경향이 있기 때문에 점점 안 좋은 입지에 부담 가능 주택이 입지할 가능성이 높다고 그 위험을 경고하고 있다. 시장가격의 주택과 부담 가능 주택 간의 차이가 현격하게 크지 않는 한, 입주한 거주민도 포용주택 단지에서 살아가면서 편안하게 느끼는 경향이 있다. 단지 외부에 건설하거나 부담금으로 징수하는 방식이 많은 경우 효율이 낮다는 주장도 있다. 그러나 NEMA와 같은 럭셔리 개발사업의 경우를 보면, 단지 내 직접 혼합하는 것이 반드시 최고의 선택은 아닐 수 있음을 보여주는 것이다. 모두에게 다 맞는 한 가지 사이즈의 기성복은 없음을 다시 확인하게 된다.

:: 참고문헌

Calavita Nico, and Alan Mallach(2010), Inclusionary Housing in International
    Perspective: Affordable Housing, Social Inclusion, and Land Value Recapture,
    Lincoln Institute of Land Policy.

George de Kam, Barrie Needham, and Edwin Buitelaar(2013), The Embeddedness
    of Inclusionary Housing in Planning and Housing Systems: Insights from an
    International Comparison, Journal of Housing and the Built Environment.

Hickey, Robert, Lisa Sturtevant, and Emily Thaden(2014), "Achieving Lasting
    Affordability through Inclusionary Housing", Working Paper, Cambridge, MA:
    Lincoln Institute of Land Policy.

Jacobus Rick(2015), Inclusionary Housing: Creating and Maintaining Equitable
    Communities, Lincoln Institute of Land Policy.

Levy, Diane, Zach McDade, and Kassie Dumlao(2010), Effects from Living in
    Mixed-income Communities for Low-income Families, Metropolitan Housing
    and Communities Center, Urban Institute.

Park, Miseon(2013), Housing Vouchers as a Means of Poverty Deconcentration and
    Race Desegregation: Patterns and Factors of Voucher Recipients 'Spatial
    Concentration in Cleveland,' *Journal of Housing and the Built Environment,*
    28(3), pp.451-468.

Schuetz, Jenny, Rachel Meltzer, and Vicki Been(2011), "Silver Bullet or Trojan
    Horse? The Effects of Inclusionary Zoning on Local Housing Markets in the
    United States", Urban Studies 48(2): 297-329.

Schwartz, Heather L., Lisa Ecola, Kristin Leuschner and Aaron Kofner(2012), "Is
    Inclusionary Zoning Inclusionary? A Guide for Practitioners", Santa Monica,
    CA: RAND Corporation.

Schwartz, Alex(2016), Housing Policy in the United States, Routledge.

Thaden Emily, and Ruoniu Wang(2017), Inclusionary Housing in the United States:
    Prevalence, Impact, and Practice, Working Paper WP17ET1, Lincoln Institute
    of Land Policy.

Urahan Susan, Travis Plunkett, Erin Currier, Diana Elliott, Sarah Sattelmeyer, and
    Denis Wilson(2013), Mobility and the Metropolis: How Communities Factor

into Economic Mobility, The PEW Charitable Trusts.

Wilson William Julius(1987), The Truly Disadvantaged: The Inner City, the Underclass, and Public Policy.

일본의 육아지원형 주택 공급 정책

**일본의
육아지원형
주택 공급 정책**

1. 서 론

2019년, 일본이 레이와令和시대를 시작하였다. 왕의 연호를 사용하는 나라에서 새로운 연호는 새로운 시대의 시작을 의미한다. 2019년 국토교통백서에 의하면, 지난 헤이세이平城시대의 사회적 변화의 큰 요인으로 기술의 진보와 일본인의 감성변화를 꼽았다. 정보통신기술ICT과 저에너지화 기술, IoT 그리고 인공지능AI 등 초스마트사회(Society 5.0)로 연계되는 신기술이 눈에 띄게 진보하였다. 물리적 풍요로움을 추구하던 일본인의 의식은 '마음의 풍요로움' 요구가 증가하고 자연과 문화·예술, 역사와 전통을 자랑스럽게 여기게 되었다. 그간의 성장은 일본 전역을 1일 교통권으로 형성하는 데 기여하였고 자동운행기술 발전과 스마트시티 구현, 그리고 인간의 장수명과 개인의 자유시간 증가라는 기술발전 효과를 가져왔다.

이치럼 헤이세이平城시대는 고도경제성장기의 대량생산과 대량소비, 대형개발의 기반 확보가 주된 목표였던 반면, 앞으로의 레이와令和시대는 지금까지의 기반 위에 다양한 생활스타일과 워크스타일, 그리고 새로운 자유시간을 활용한 충실한 휴먼라이프가 실현 가능한 생활공간을 필요로 하고 있다. 때문에 이러한 새로운 시대에 발맞춰 거주자 감성이 반영된 가치 높은 시간을 만끽할 수 있는 생활공간 창출을 목표로 하고 있다.

이 장에서는 지금까지 일본의 저출산 관련 주거대응 정책 흐름과 육아지원을 위한 주거단지 개발사례를 중심으로 일본의 주택 공급 정책에 대하여 살펴본다.

2. 일본 육아지원 주택정책 흐름

일본의 육아지원 주택정책은 1990년의 1.57쇼크에서 시작되었다. 1990년 당시 출생률은 1.57로서 이는 과거 최저기록이었던 1966년의 출생률 1.58을 밑도는 충격적인 결과였다. 이를 계기로 후생성(현, 후생교통성厚生交通省)이 중심이 되어 일과 육아의 양립을 지원하는 육아하기 편한 환경 만들기를 위한 다양한 대책이 검토되기 시작했다.

1994년 '엔젤 플랜エンゼルプラン'과 '시급 보육대책 등 5개년 사업緊急保育対策等5か年事業'을 수립하였고, 1999년에는 '저출산 대책 추진 기본방침少子化対策推進基本方針'을 수립하였으며, '신 엔젤플랜新エンゼルプラン'으로 변경하였다. 2001년에는 '일과 육아 양립 지원 등의 방침(대기아동제로작전등)仕事と子育ての両立支援策の方針'을 각의결정으로 추진하는 등 적극적인 지원정책을 추진하였다. 1990년대 육아지원 주요 정책은 '주택 및 생활환경 정비'로서 양질의 주택 공급, 일과 육아양립에 편한 환경 정비 그리고 안전한 생활환경 정비였다.

이러한 정책추진에도 불구하고 2003년에는 처음으로 일본 총인구가 감소하고 출생률이 1.26까지 저하되어 과거최저치를 기록하였다. 이에 2003년 9월 '저출산 사회대책 기본법'을 시행하고, 2004년 '저출산 사회대책 대망'이라는 각의결정을 통하여 그해 12월 '아이·육아 응원 플랜'을 결정하였다. 이와 같이 새로운 저출산 대책이 제시되면서 2006년에는 그동안 중앙부처별로 시행되었던 관련 시책이 일체적·종합적 시책으로 정리됨과 동시에 지방공공단체·기업 등의 행동계획과 연계된 모습으로 계획 수립이 가능해졌다. 그럼에도 불구하고 저출산 현상이 가속화됨에 따라 근본적인 저출산 대책의 일환으로 아이들의 사고방지 시책을 강화하는 '새로운 저출산 대책(저출산 사회대책회의 결정)'을 수립하였다. 그리고 안정적인 육아 전념을 위한 사회보장제도 전반에 대한 미래 투자로서 국가, 지자체, 사업체, 국민이 역할과 비용을 분담하는 사회적 합의와 원칙을 제시하였다(사회보장 국민회의 결과, 2008년 11월).

2010년대가 시작되면서 저출산 정책은 여성이 일하기 용이한 환경 만들기를 위한 양질의 보육서비스 등의 확충 방안이 경제 대책으로 각의·결정되었다. 아이들이 주인공이라는 기본 입장이 확고해지면서 모든 아이들이 동등하게 보호받을 수 있는 사회 만들기를 기조로 하여 2010년 '저출산 대책'에서 '어린이·육아지원'으로 정책기조를 변경하였다. 이는 사회전체가 아이들의 성장을 지원하고 젊은이가 안심하고 성장하는 사회구현이라는 새로운 정책 패러다임으로의 선언(아이·육아 비전, 2010년 각의 결정)이었다.

주택을 담당하고 있는 국토교통성의 정책추진 원칙은 사회적 약자에 대한 편리한 일상생활의 안전한 환경조성이다. 관련 시책 도입단계인 1990년에는 고령자와 지체장애인 중심으로 특정 건축물 대상1의 한정적이고 협소한 시작이었던 반면, 2000년대에는 공간적용 대상 범위를 공공교통기관까지 확대하여 사회적 약자 이동의 원활한 촉진을 도모2하였다. 2003년에는 일본의 과거 최저출생률(1.26)을 기록하면서 정부의 정책기조가 변화하였다. '저출산 대책 플러스 원少子化対策プラスワン(2003년)'을 계기로 '육아를 지원하는 생활환경 정비(육아 배리어 프리)'의 개념이 처음으로 도입되었다. 아이들이 안심하고 안전하게 성장할 수 있는 환경정비를 제1의 목표로 추구하였는데, 기존의 정책3에서도 임산부가 대상으로 포함되어 있기는 하였지만 영유아와 함께 하는 육아세대는 대상 예외였다는 점에서 시책의 목적 대상이 확대되었다는 의미를 가진다. 육아 배리어 프리의 기본 원칙은 임산부나 영유아 동반 외출 시 아이의 신체 상황에 따른 외출환경 향상

---

1 「고령자, 지체장애인 등이 원활히 이용 가능한 특정 건축물의 건축 촉진에 관한 법률(1994년)」(일명 : 하트빌딩법).
2 「고령자, 지체장애인 등 공공교통기관을 이용한 이동의 원활화 촉진에 관한 법률(2000년)」(일명 : 교통 배리어 프리법)」.
3 「고령자, 장애인 등의 이동 등의 원활한 촉진에 관한 법률(2006년)」(일명 : 배리어 프리 신법).

을 도모하는 것이었다.

 2014년까지 육아세대(신혼부부 포함)의 주택지원은 주로 저소
득 주거취약계층을 대상으로 하여 공공주택, 지역우량임대주택,
UR도시기구(독립행정법인 도시재생기구) 임대주택 등 직접적인
임대주택 공급이 중심이었다. 그러나 공공주택은 경쟁률이 높고
향후 대규모 공급확대에 대한 기대가 어려워지는 반면, 민간임대
주택 공실의 지속적인 증가가 사회 문제로 대두되기 시작하였다.
이에 2015년 '주택 확보를 필요로 하는 안심주거 추진사업'이 시행
되었다. 이 사업은 저소득 고령자, 장애인, 육아세대 중 주거취약
계층에게 공공주택 보완 대책으로서 민간임대주택 등의 공실을
활용한 일정 품질을 갖춘 저렴한 임대주택을 공급할 수 있는 정책
이었다. 이를 통해 저렴한 공공임대주택의 직접적인 공급방식에
서 민간임대주택을 활용한 간접적인 지원방식으로 전환되었다.
그리고 2016년에는 육아세대가 안심하고 생활하는 거주환경을
위한 세부목표로서 주택보급 촉진, 공적 보증시책 도입, 육아지
원과 커뮤니티 서비스 지원 등의 정책지원이 강화되었다. 또한
'육아에 적합한 주택기준(2016년)'과 '육아를 배려한 주택과 거주
환경 가이드라인(2018년)' 등이 배포되면서 육아세대 주택단지
(단독주택 포함)의 다양한 육아지원 서비스 기반정비가 진행되
고 있다.

지방 공공단체의 육아지원 시책은 크게 조례 등에 의한 기준 강화
방안, 육아지원 아파트 공급, 보육소의 시설 정비, 지자체의 독립
육아지원시설 정비보조사업 등이 있다.

첫째, 조례에 의한 건축물 이동 원활화 기준강화 방안이다. 2006년 '하트 빌딩법'과 '교통 배리어 프리법'이 통합·보완되어 '배리어 프리 신법' 제정의 계기가 되었고, 각 지방의 공공단체에서 기존에 운영하던 관련 조례가 신법4에 의해 새롭게 재정비되었다. 그 결과 2009년 '복지마을 만들기 조례'가 모든 도도부현都道府懸 총 47개 단체에서 제정되었고, 시정촌市町村에서도 39개 단체가 제정하는 등 지방 지자체의 관련 계획과 시책이 빠르게 정착되었다.

둘째, 육아지원 아파트 정책이다. 주거대책 분야로서 육아를 배려한 주택평면과 이용 등에서 일정 이상의 수준을 갖춘 아파트를 '육아지원 아파트'로 인정하고, 또한 이를 위해 기존 아파트의 정비를 추진하는 제도이다. 대표적인 예로는 세타가야구 육아지원 아파트 인증제도, 요코하마시 지역육아응원 공동주택 인증제도 등이 있다.

셋째, 보육소와 인정 어린이집 등의 시설정비 지원정책이다. 주로 조례에 근거하여 육아 관련 시설의 기준을 만족하기 위한 지자체 지원시책이 해당된다. 정책내용은 화장실의 유아용 의자, 기저귀 교환대, 시트 설치 등과 수유실 설치 관련 등이다. 그리고 아이들 관련 시설정비 관련 조례로서 '안심 어린이 기금 조례'와 '인

---

4   지방공공단체는 그 지방의 자연적·사회적 조건의 특이성에 의해 전2항의 규정만으로는 고령자, 장애인 등이 특정 건축물을 원활히 이용 가능한 목적을 충분히 달성하는 것이 불가능하다고 인정되는 경우에는 특별 특정건축물에 조례로 정하는 특정건축물을 추가하여, 제1항의 건축 규모를 조례에서 동행의 정령으로 규정하는 규모 미만으로 별도로 규정하고 또는 건축물 이동 등의 원활화 기준에 조례로 필요한 사항을 부가하는 것이 가능하다(배리어 프리 신법 제14조제3항).

정 어린이집 조례'가 있다. 안심 어린이 기금 조례(또는 육아지원 대책 임시 특례기금조례)는 국가에서 교부하는 교부금(안심 어린이 기금, 후생성·문무과학성 소관)을 재원으로 하며, 각 도도부현都道府懸에 기금을 설립하여 2008~2010년까지 시행한 사업이다. 기금의 사업 대상은 보육소 시설정비비 보조, 대기아동이 많은 지자체 보육소 신설에 대한 추가적인 재정 보조, 임대 보육소의 시급한 보육비 및 수리비 보조, 육아지원 거점시설의 시설정비비 보조 등이다.

넷째, 지자체의 독자적인 육아지원시설 정비에 관한 보조사업이다. 수유나 기저귀 교체를 위한 시설정비가 일정 수준 이상에 해당하는 것을 인정하는 방식이며, 인정제도뿐만 아니라 독자적인 보조를 시행하는 사례도 있다. 아기·훌쩍 사업[5](동경도東京都), 베이비 스테이션ベビーステーション(동경도 이타하시구東京都板橋區, 동경도 에도구東京都江東區, 아라가와 베이비스테이션荒川ベビーステーション(동경도 아라가와구東京都荒川区) 등이 대표적이며, 보육원, 유치원, 아동관, 육아지원센터 등에 대한 공공시설 인증이 대표적이다. 이 외에도 각 지자체의 보조금 기준에서 지원 대상과 금액 등을 규정하고 있다.

---

5   정식명칭은 '영유아를 가진 부모가 안심하고 외출할 수 있는 환경 정비사업'(2008년 5월 시행)이다.

3. 육아지원 주택 공급 정책

일본의 육아지원 주택정책은 크게 국가정책과 지방정책으로 구분된다. 국가정책은 공공주택제도와 지역우량임대주택제도, 그리고 UR 도시기구 임대료 감액제도와 육아지원 서비스, 주택 확보 필요 대상 안심주거 추진사업이 있다. 지방정책으로는 지자체 공공주택, 지역우량임대주택, 민간주택, 지역육아응원 아파트 인정제도, 주택대출 지원제도 등이 있다.

1) 육아지원 공동주택 공급 사례

(1) 하트 아일랜드 신덴: UR 도시기구 육아지원 임대주택

하트 아일랜드 신덴ハートアイランド新田은 2004년에 총 1,052세대 규모로 건설된 UR 도시기구 임대주택 단지이다. 일본 최초로 키즈룸을 활용한 스쿨스테이션, 아이돌보미가 그룹홈으로 보육하는 서비스 등 육아세대가 마음 놓고 지낼 수 있도록 지자체와 UR 도시기구가 협력하여 지원하고 있다.

UR 도시기구의 대표적인 육아지원 임대주택단지인 만큼 단지 내 외부에 육아지원 시설과 공간이 조성되어 있다. 첫째, 아이들이 안심하고 놀 수 있는 단지의 놀이터와 광장이 조성되어 있고, 이와 인접하여 놀이기구와 작은 연못, 잔디광장이 신덴 벚꽃 공원新田さくら公園과 연계된다. 둘째, 0~3세 자녀와 보호자가 자유롭게 이용이 가능하고, 부모와 자녀간의 편안한 교류와 다양한 정보 교환을 위한 장소를 운영한다. 무엇보다도 일과 육아 병행지원을 위

한 맞춤 서비스의 일환으로 '유치원 환송 스테이션幼稚園送迎ステー
ション'이 있다. 이 서비스는 유치원 등·하원 전후 시간에 보육이
필요한 가정을 대상으로 하는 일시 보육서비스이다. 셋째, 단지
내 집회소를 이용하여 맞벌이 가정의 자녀보육을 위한 방과 후 교
육을 방학, 토요일, 공유일 등 학교가 쉬는 날에 이용할 수 있도록
민영으로 운영하고 있다. 넷째, 0~2세 영유아 육아세대의 지원
서비스의 일환으로 단지 내부의 일반세대 총 4가구를 활용하여
아이돌보미가 가정적인 분위기에서 그룹홈을 시행하고 있다. 이
외에 단지 내 사립보육원 및 병설유치원이 운영되고 있다.

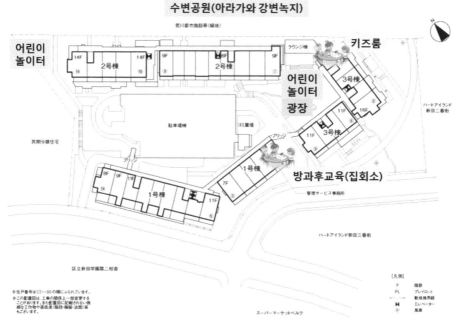

자료 : https://chintai.sumai.ur-net.go.jp/chintai/img_photo/20/20_674/20_674_AP_01_l.gif 참조 후 편집

그림 1 하트 아일랜드 신덴 단지 배치도

자료 : https://www.ur-net.go.jp/chintai/kanto/tokyo/20_6740_report.html

그림 2 육아지원서비스 기반시설(하트 아일랜드 신덴)

자료 : 하세가와 하야시(2016), 「일본 젊은 세대 주거의식과 신혼 및 육아세대 주택지원정책」, 신혼부부 패널 조사 국제심포지움 발표 자료, LH 토지주택연구원, p.16

그림 3 주동르네상스 사업을 통한 3개의 차별화된 노후단지 재생

| 방과후 교실(집회실 일부) | 그린 홈 | 단지 내 보육원 |

자료 : 하세가와 하야시(2016), 앞의 자료, p.16

그림 4 육아지원서비스 공유시설(하트 아일랜드 신덴)

(2) 가치도키 뷰 타워: 동경도영(東京都營) 육아세대용 공공주택

가치도키 뷰 타워勝どきビュータワー는 기존의 노후화된 공공주택의 재건축을 민간사업자와 함께 추진하면서 기존 공동주택에 해당되는 면적을 민간사업자에게 장기임대하고, 기존 세대수만큼의 임대주택을 육아세대형 주택으로 일부 전환함과 동시에 저층부에 육아지원 공용시설을 정비하여 공급한 사례이다.

이 주택은 동경도 도시계획 가치도키역 전 지구東京都市計画勝どき駅前地区 제1종 시가지 재개발사업에 의해 UR 도시기구가 사업을 시행하였고, 2011년에 지상 55층 건물로 정비되었다. 1~2층에는 각종 점포가 입주하고 있으며, 3층에는 구립 가치도키서 보육원, 4층에는 가치도키 아동관 등을 계획하여 건물 내 육아지원이 원활하도록 배려하였다. 최고 52층으로 재개발되었고 원주민재정착주택權利板 180세대, 임대주택 204세대, 분양주택 328세대 등 총 612세대가 입주하고 있다.

특히 육아세대를 고려하여 최소 50m² 이상의 평면규모를 가진 육아세대지원 공급주택으로서 1LDK부터 3LDK까지 다양한 평면으로 구성하였고, 저층부 육아지원 공용시설과의 접근성을 고려하여 5~11층에 배치하였다. 무엇보다도 주변 임대료 대비 30% 저렴하게 입주가 가능하다는 장점이 있다. 이 외에도 자동잠금장치 및 인터폰 등 건물출입 보안시설과 입주세대를 위한 24시간 대응 컨시어지 서비스concierge service를 시행하는 등 육아세대의 생활지원을 위한 요구를 적극 반영하고 있다.

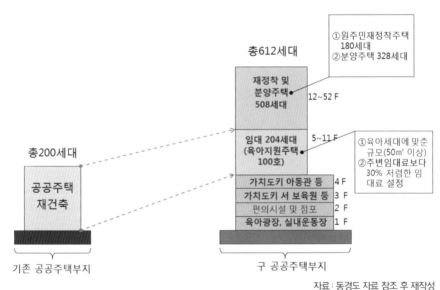

자료 : 동경도 자료 참조 후 재작성

그림 5 육아세대용 주택 공급 방식 모식도(가치도키 뷰 타워의 경우)

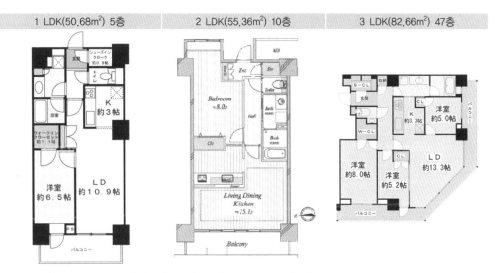

자료 : https://www.ur-net.go.jp/chintai/kanto/tokyo/20_6740_report.html

그림 6 육아세대용 공공주택 평면도(가치도키 뷰 타워의 경우)

자료 : https://www.citymobile.co.jp/rent/53/ 및 https://www.comfyroom.co.jp/rent_view/433
　　　https://www.ur-net.go.jp/chintai/kanto/tokyo/20_7140_report.html
　　　하세가와 하야시(2016), 앞의 자료 p.21

그림 7 육아세대용 공공주택 육아지원시설 현황(가치도키 뷰 타워의 경우)

(3) 네무로시(根室市) 데아에루 메이지단지(であえる明治團地): 홋카이도영(北海道營) 육아지원 공영주택

홋카이도 육아지원 주택 공급은 도道와 지자체市丁村 그리고 지역 육아세대와 연계되어 운영된다. 먼저, 도는 하드 측면에서 주택 정책을 담당하는 데 육아지원 공영주택을 정비하여 육아세대에게 우선 분양한다. 이때 육아지원이 가능하도록 주택넓이와 평면, 설비 등을 고려한 주택과 광장 및 집회소集會所 등 지역에 오픈된 공동시설을 조성한다. 육아지원 공영주택은 2DLK구성을 기본으로 하며, 육아 편의를 중심으로 부엌과 욕실의 면적을 최우선으로 확보하고 자녀성장에 따른 수납공간 가변성과 유아기의 안전디자인을 설계에 반영하고 있다. 단지에는 입주자와 지역 육아세대 간의 소통이 가능하도록 집회소를 단지 내 이용하기 편리한 위치에 설치함과 동시에 육아지원 서비스가 가능한 공간을 확보하고 있다. 대부분의 집회소는 육아지원 공간 활용도가 높기 때문에 영유아의 안전을 고려한 설계와 재료를 사용한다. 이 외에 부모를 위한 케어프로그램으로서 편안한 교류 및 휴식공간을 제공하고 육아불안 관련 상담지원과 육아정보 제공, 육아 관련 강습장소를 확보하고 있다.

다음으로 지자체에서는 소프트 측면의 복지시책, 즉 상담과 지원, 정보 제공을 담당한다. 네무로시根室市는 메이지 단지明治團地를 '도영 육아지원형 주택道營子育て支援住宅'으로 정비하여 운영 중이다. 이 단지는 총 69세대로서 2007년에 입주를 시작하였고, 현재 일반세대 51호와 육아지원세대 18호가 입주하고 있다. 단지 내

대표적인 지원프로그램 중 하나는 모임광장 사업つどいの広場事業[6]
이다. 네무로시 메이지 단지의 모임광장사업은 3세 미만의 아동
과 그 부모가 상시로 모여 하루 평균 20팀 전후의 교류활동을 한
다. 보육사 유경험자나 육아 경험자를 육아 어드바이저로 지원하
여 상담에 응하도록 하며 아이와의 놀이를 소개하거나 지도를 한
다. 그리고 그 지역 기존 육아세대도 지역에 오픈된 공동시설을
자유롭게 이용하면서 입주 육아세대와 자연스럽게 연계되도록
지자체 소프트 시책지원이 이루어진다.

2) 지자체 민간주택을 활용한 육아세대 공공지원 사례

(1) 육아(LIVEIN, 子育てりぶいん): 요코하마시 지역우량임대주택 (横浜市子育て世帯向け地域優良賃貸住宅)

육아 LIVEIN 은 국토교통성의 '지역우량임대주택제도 요강'에 근
거하고 있는 요코하마시의 육아세대용 지역우량임대주택의 줄
임말이다. 주거환경 등이 육아를 배려한 민간의 기존 공동주택을
요코하마시가 '육아 LIVEIN'이라고 인정하고 수입이 적은 육아세
대를 위해 월세의 일부를 지원하고 있다. 세대 수입이 214만 원 이
하의 육아세대(만 18세 미만)인 경우, 월세지원금액은 월 40만 원
으로서 최장 6년간 보조를 받을 수 있다. 이는 민간주택 미분양이
증가하는 사회적 문제 해결을 위한 정책전환의 계기가 되었다.

----

6   이 사업은 후생노동성이 지원하는 차세대 육성지원 대책 교부금(일명 모임광장사업) 지
     원사업을 활용한 예로, 2004년 창설되어 운영되었다. 현재는 지역육아지원거점사업으
     로 변경되어 지역육아지원거점을 설치하여 진행하고 있다. 2019년 현재까지 전국 7,431
     개소가 실시하고 있다(https://www.mhlw.go.jp/content/000519576.pdf).

이후 사회 문제로 대두되는 단독주택 공가 문제의 해결방안으로 2017년에 대상 범위를 확장하여 단독주택을 활용한 '요코하마형 월세보조 지원형 임대주택제도'를 도입하였다.

육아 LIVEIN으로 인정받기 위해서는 크게 입지환경과 주택기준을 만족해야 한다. 먼저 공동주택의 입지환경 조건은 첫째, 보도 또는 버스이용으로 약 20분 이내에 철도역이 있어야 한다. 둘째, 소아과까지 보도로 20분 이내이어야 한다. 셋째, 초등학교와 슈퍼 등 상점이나 어린이공원이 약 1km 이내에 위치해야 한다. 주택 기준은 구조와 세대당 면적($55m^2$ 이상), 취침실 2실 이상, 수납스페이스와 발코니 안전대책이 수립되어야 하고, 계약 월세는 약 100만 원 전후의 주택으로 한다. 다음으로 단독주택의 경우에는 세부사항이 공동주택과 유사하나 입지하는 용도지역이 주거지역 또는 상업지역이어야 한다. 주택구조는 방재와 방화기능이 고려되어야 하고 지붕의 소재 또한 불연소 재료이어야 한다. 그리고 주택용 화재경보기를 침실과 계단뿐만 아니라 모든 방과 부엌에 설치해야 하며, 계단과 창문, 발코니 등에 낙상 방지책 과 같은 안전방지대책이 반영되어야 한다.

2017년에 총 63개소가 인증을 획득하였고, 입주지원은 대부분 요코하마시 주택공급공사横浜市住宅供給公社에서 지원하고 있다. 공공주택 공급방법은 임차형, 관리위탁형, 직접관리형 등 3가지가 있다. 단독주택은 관리업무자에 의한 관리위탁형, 임차형, 소유자 직접관리형이 있으며, 관리기간은 원칙적으로 10년이고 최대 16년까지 가능하다.

(2) 지자체 구영주택: 동경도 이타바시구 신혼 및 육아세대용 임대주택

구영주택이란 지역우량임대주택 제도를 활용하여 민간이 건설한 우량임대주택을 지자체가 20년 동안 임대하여 중간소득층 가정을 대상으로 공급하는 주택이다.

대표적인 예로는 힐탑 스퀘어ヒルトップ·スクエアー(中丸町住宅)가 있다. 다만 2019년 신혼세대와 육아세대지원제도가 종료됨에 따라 현재는 동경도 도영주택 지역우량임대주택으로 통합하여 운영되고 있으며, 주택임차 및 임대관리는 동경도 주택공급공사東京都住宅供給公社(JKK)에서 시행하고 있다.

자료 : 하세가와 하야시(2016), 앞의 자료 p.25

그림 8 지자체 구영주택 공급사례(동경도 이타바시구)

3) 지자체 육아지원 주택 인증제도(子育て支援マンション, 子育て応援マンション) 활용 사례

육아지원 주택 인증제도는 주택면적, 방음성, 공용공간 활용 및 배치, 육아지원서비스 제공 등 육아를 배려한 주택성능을 만족하는 주택을 지자체가 인증하는 제도[7]이다.

인증기준은 지자체별로 다소 상이하나 공통적으로 반드시 육아에 필요한 최소 점유면적이 확보되어야 하며, 주택 소음에 대한 차음성이 뛰어나야 하고 주택 내부가 안전한 조건을 만족해야 한다. 이 외에도 육아지원시설과의 입지환경과 단지 내부의 공용시설 확보에 관한 조건이 있다. 구체적으로 아이를 위한 키즈룸이나 항시 이용 가능한 안전한 어린이놀이터 등의 장소 및 시설기준이 만족되어야 한다.

인증을 받은 주택은 크게 세 가지의 장점을 가진다. 첫째, 인증기간 동안 지자체에서 육아 관련 정보제공 및 육아활동비용 지원[8]을 받을 수 있다. 둘째, 인증을 받은 주택의 환경 개선을 위한 직접적인 비용보조혜택[9]이 있다. 셋째, 지자체 금융기관과 연계하여 주택담보대출 금리지원 등의 금융적 혜택[10]을 받을 수 있다.

대표적인 사례로서 요코하마시는 주택성능과 육아지원시설을 병설한 아파트를 '요코하마시 지역육아응원 주택横浜市地域子育て応援マンション'으로 인정한다. 타 지자체와는 다르게 분양·임대, 신축·기존 여부와 관계없이 폭넓은 대상을 포함하는 특징을 가진다.

----

7 2002년 일본 최초로 동경도 스미타구(墨田区)에서 스미타 육아지원아파트인정제도(のすみだ子育て支援マンション認定制度)가 시작된 이후, 요코하마시(横浜市), 사이다마현(埼玉県), 세타가야구(世田谷区), 고베시(こうべ) 등 많은 지자체에서 제도를 시행하였다.
8 일본 최초로 인증제도를 도입한 스미타구(墨田区)는 구에서 육아정보 제공 및 주택홍보 지원을 시행하고, 고베시(こうべ)는 거주자 중심의 자주적 육아동아리 활동지원 및 초기 활동의 각종 정보 제공, 유사단체 소개 및 연결, 봉사단 파견비용 보조 등 3년간 지원한다.
9 세타가야구(世田谷区)는 육아이벤트 지원 및 키즈룸 공사비 일부 지원한다. 카와사키시(川崎市)는 기존 중고주택이 인증을 획득한 경우에 집회실 정비보조금과 연 6회의 육아상 담원 파견지원을 제공한다.
10 요코하마시(横浜市)는 일부 금융기관의 주택담보대출의 금리우대를 받을 수 있고, 사이타마현(埼玉県)은 지자체와 금융기관과의 연계로 주택담보대출 상품 이용이 가능하다.

요코하마 인증은 예비인증 단계와 본 인증 단계로 진행된다. 예비인증 단계를 획득하면 공개공지 정비 등 일정 조건을 만족하는 계획에 대하여 '시가지환경설계제도市街地環境設計制度'를 활용하고 보육소 등의 보육지원시설부분의 용적률 혜택 등을 받는다. 그리고 규모가 200세대 이상의 대규모 단지개발의 경우에는 '요코하마시 대규모 공공주택 건축물 등 보육시설 등의 설치 협력요청에 관한 요강横浜市大規模共同住宅の建築等に際する保育施設等の設置の協力要請に関する要綱'에 근거하여 계획초기 단계에서 보육시설의 입지나 요구에 대한 설치필요 여부에 대해 상담이 가능하고, 보육운영 사업자를 선정하는 단계에서 시의 지원을 받을 수 있다.

인증 수준은 주생활 & 육아지원시설과 육아지원시설 등 두 가지가 있다. 전자는 육아에 편리한 주택 내부공간의 시설 배려를 통한 성능개선과 보육소, 학교, 놀이터 등 육아세대 지원 공공시설의 지역 오픈형 공간계획이 모두 만족하는 주택이다. 주로 신축주택이 대상이 되며, 이 경우 파란 인증마크를 획득한다. 후자는 육아세대의 지역공동육아 지원을 위한 지역연계 공용공간이 확보되어야 인증 가능한 단계로서 기존 주택이 주 대상이고 핑크 인증마크를 획득한다.

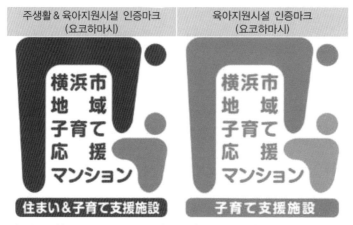

주생활 & 육아지원시설 인증마크 (요코하마시)	육아지원시설 인증마크 (요코하마시)

자료 : https://www.city.yokohama.lg.jp/kurashi/sumai-kurashi/jutaku/sien/kosodate/gaiyou.html

그림 9 요코하마시 육아지원 주택 인증마크 유형

(1) 요코하마 올 파크(ヨコハマオールパークス: 지역육아응원주택 (地域子育て応援マンション) 인증단지

요코하마 올 파크는 2010년에 조성하여 2012년에 본 인증을 획득한 총 1,424세대의 대규모 주택단지이며, 파란 주생활&육아지원시설 인증단계를 취득하였다.

요코하마시 무로미구橫浜市鶴見区尻手1丁目에 위치하며, 케이하마급행본선京浜急行本線과 JR미나미무시선JR南武線 등 2개 노선(3개 역) 이용이 가능하고 동경東京역까지 19분, 시나가와品川까지 11분, 요코하마JR橫浜까지 8분이 소요되어 접근성이 매우 좋다. 공용시설로서 집회실과 키즈룸, 4개의 파티룸, 게스트룸 그리고 키즈풀이 포함된 실내온수풀이 있다.

또한 지진에 대한 내진설계뿐만 아니라 단지 내 방재공원グランド
パーク을 조성하고 있다. 평상시는 광장으로 사용되고, 유사시에
는 맨홀 대응형 화장실과 아궁이겸 벤치, 태양광 가로등, 파고라
텐트, 방화수전 등이 준비되어 있어 일시적 피난시설로 활용이 가
능하다.

단지의 안전계획은 동별 방범라인을 구축하여 사생활과 안전이
확보될 수 있도록 배려하고 있다. 컬러 TV 모니터가 부착된 자동
잠금 시스템을 도입하고, 키레스Keyless 현관시스템을 통해 건물
내 빠른 진입이 가능하며, 엘리베이터에는 방범카메라와 지진제
어 운행장치가 부착되어 있다. 또한 24시간 관리인이 상주하여 신
속한 대응이 가능하다.

자료 : 필자 촬영 및 편집

그림 10 지역육아응원 주거인증 단지 외부 현황(요코하마 올 파크)

주거시설로는 거실과 욕실 등의 스위치를 고령자나 어린이가
사용하기 쉬운 윈도우 스위치를 사용하고 있고, 현관은 낮은 사

리문 형태의 문을 도입하여 아이들이나 놀이기구가 갑자기 튀어나오지 않도록 배려하고 있다. 또한 욕실 입구의 단차를 없애 이동 안전성을 높이고 부엌은 넓은 싱크대와 핸드샤워부착 수전으로서 청소나 아이목욕에 손쉽게 사용할 수 있도록 배려하고 있다.

자료 : 필자 촬영 및(https://www.house.jp/value/detail/index.php?k_number=01512236&div=013)

그림 11 지역육아응원 주거인증 공용시설 현황(요코하마 올 파크)

자료 : 필자 촬영

그림 12 지역육아응원 주거인증 공용시설 현황(요코하마 올 파크)

이 외에도 종합경비보장주식회사의 방범시스템을 채용하여 공용시설과 단지 내 안전을 감시하고 있으며, 최하층 주거의 발코니 창에는 방범센서를 부착하고 있다.

자료 : https://www.yokohama-allparks.com/saleproperty/

그림 13 지역육아응원 주거인증 주택평면(요코하마 올 파크)

자료 : https://www.house.jp/rent/bukken/index.php?k_number = 10270202&div = 002

그림 14 지역육아응원 주거인증 주택 내부 현황(요코하마 올 파크)

(2) 더 파크하우스 요코하마 신코야스 가든(ザ・パークハウス横浜新 子安ガーデン): 요코하마시 지역육아응원 주택(横浜市地域子育 て応援マンション) 인증단지

더 파크하우스 요코하마 신코야스 가든은 2010년에 조성되었고, 2015년에 본인증을 받은 단지이다. 주생활 & 육아지원시설 인증 을 받아 주민이 주체가 된 관리형태로 운영되고 있다. 제1종 주거 지역에 입지하는 지상 11층 총 497세대이며 보육소와 아동보육 공간이 포함된 지역교류시설로 구성된다.

단지의 입지조건은 단지와 인접하여 초등학교子安小学校가 입지 하고 있고, 큰 광장을 가진 우치코시공원打越公園과 신코야스 일초 메공원新子安一丁目公園이 가까이 위치하고 있다. 그리고 도보권에 2개의 역이 위치하고 중·고등학교과 근린공원(코야스다이 공원 子安台公園)이 입지한다.

부지면적은 19,124.81m²의 대규모 단지로서 건축면적이 6,880.1m² 이고 60%가 오픈스페이스로 조성되어 주변 주거지 대비 넓은 시 야를 확보하고 있다. 그리고 사업지구 북측에는 서클 가든サークル ガーデン의 지역거점광장이 입지하고 있다. 지역주민의 요구에 부 응하기 위하여 '허가보육소', '아동보육시설', 지역주민과의 교류 에 공헌하는 거점으로서 '지역교류시설', 지역 방재에 기여 가능 한 '지역거점광장'이 조성되어 있다. 지역거점광장은 지역커뮤니 티 활동의 장소로 개방하고 있는 오픈스페이스로서 재해 시에는 지역의 일시적 피난소로 활용이 가능하며, 지역교류시설과 지역 거점광장을 중심으로 육아세대와 지역주민과의 교류를 진행하

고 있다. 이 외에 단지 내부의 공용시설로서 키즈룸, 스튜디오, 파티룸, 시어터룸, 스터디룸 등 다양한 공유공간을 확보하고 있다.

자료 : https://www.tph-shinkoyasugarden.com/introduction/ 참조 후 편집

그림 15 지역육아응원 주거인증 입지현황(더 파크하우스 요코하마 신코야스 가든)

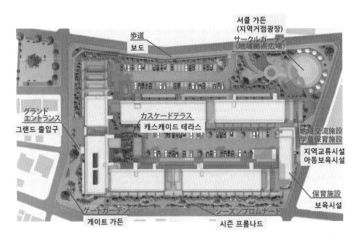

자료 : https://www.mecsumai.com/brand/story/041/ 참조 후 편집

그림 16 지역육아응원 주거인증 단지배치현황(더 파크하우스 요코하마 신코야스 가든)

자료 : https://www.mecsumai.com/brand/story/041/ 및 필자 촬영

그림 17 지역육아응원 주거인증 단지 전경(더 파크하우스 요코하마 신코야스 가든)

자료 : https://www.tph-shinkoyasugarden.com/facility/ 및 필자 촬영

그림 18 지역육아응원 주거인증 공용시설 현황(더 파크하우스 요코하마 신코야스 가든)

주택 내부는 슬라이드 수납, 정수일체형 샤워 수전, 슬라이드 가
스레인지 후드 등이 부엌에 도입되어 있고, 다양한 유형의 수납공
간을 확보하고 있다. 이 외에도 다양한 연령이 사용 가능한 샤워
슬라이드바, 미끄러지지 않는 욕실 바닥 처리, 다양한 수납을 갖
춘 욕실 등 주로 부엌과 욕실에 편리하고 안전한 시설을 중점적으
로 도입하고 있다.

자료 : https://www.mansion-note.com/mansion/1630530/houses/592605443

그림 19 지역육아응원 주거인증 주택 내부 시설 현황(더 파크하우스 요코하마 신코야스 가든)

단지의 가장 큰 특징은 주민에 의해 적극적인 관리가 이루어지고
있다는 점이다. 총 18명의 주민으로 구성된 이사회는 재무·회계
반, 지역·방재반, 공통·커뮤니티반 등 3개 반으로 구성되며, 재
무에서부터 주민커뮤니티 활동까지 전문적이고 다양한 활동을

적극적으로 수행하고 있다. 매월 이사회를 통해 세부적인 활동이 논의하고 정기적인 방재훈련(1년 1회)을 시행하고 있으며, 주민 커뮤니티를 위한 다양한 계절별 전통행사가 지속적으로 이루어지고 있다. 대표적으로 10월 핼러윈 행사는 단지관리회사(미쯔비시지쇼三菱地所)와 협력하여 아이들을 위한 행사로 진행하고 있다.

자료 : https://www.tph-shinkoyasugarden.com/prevention/

그림 20 지역육아응원 주거인증 관리 활동(더 파크하우스 요코하마 신코야스 가든)

자료 : https://www.tph-shinkoyasugarden.com/community/

그림 21 지역육아응원 주거인증 주민교류활동(더 파크하우스 요코하마 신코야스 가든)

최근에는 아파트 이사회의 업무 투명성과 업무부하 경감을 위한 관리조합지원서비스 KANRIMcloud(エムクラウド)管理組合支援サービス를 통해 운영지원을 보조하고 있으며, 단지 내 알림이나 일정, 단지 관련 자료함, 게시판, 출결사항, 단지시설 예약, 설문조사, 메일링 등 스마트폰과 PC를 통한 웹서비스를 활용하고 있다.

4. 결론 : 육아지원 주택정책의 기대

저출산의 가장 큰 원인은 인구구조적 영향으로서 가임여성의 급격한 감소 그리고 사회적 영향으로서 출산을 기피하는 분위기가 꼽히고 있다. 2018년 당시 일본의 출생률은 1.42로서 저출산 쇼크에서 시작된 1990년의 출생률 1.57을 하회하고 있고 그 속도는 예상보다 빠르게 진행되고 있다. 그러나 희망출산율은 1.83 수준으로 출생률 회복에 대해 희망 역시 가지고 있다.

반면 우리나라의 2018년 출생률은 0.98로서 역대 최저치임과 동시에 세계 최저치를 기록하였다. 2006년부터 2018년까지 맞춤형 보육, 교육개혁, 신혼부부 주거지원, 청년고용 활성화, 난임지원 등 총 153조 원을 투입하여 다양하고 적극적인 시책을 추진해왔지만 가시적인 성과를 나타내고 있지 못하는 실정이다.

2017년 기준으로 한국, 일본, 홍콩, 싱가포르, 타이완 등 아시아 주요 5개국의 출생률을 살펴보면, 1970년 대비 1985년까지 급격한 감소 경향을 보이고 있고 우리나라의 감소폭이 가장 크다. 반면 일본은 출생률 감소폭이 가장 적고 5개국 중 출생률이 가장 높다.

저출신 영향에 따른 인구 감소는 세계적인 경향이지만 저출산 문제가 매우 심각한 우리나라의 경우에는 이전보다 더 적극적이고 다양한 정책이 요구된다고 하겠다.

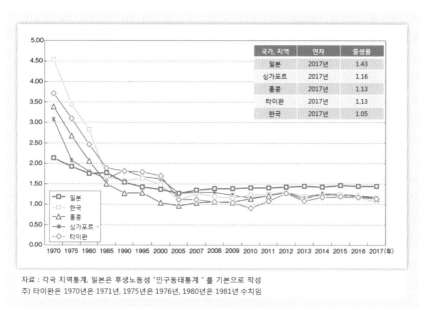

자료 : 각국 지역통계, 일본은 후생노동성 "인구동태통계 " 를 기본으로 작성
주) 타이완은 1970년은 1971년, 1975년은 1976년, 1980년은 1981년 수치임

자료 : 내각부(内閣府) 소시화사회대책백서(少子化社会対策白書, 2019)
　　　https://www8.cao.go.jp/shoushi/shoushika/whitepaper/measures/w-2019/r01webhonpen/html/
　　　b1_s1-1-2. html 인용 후 편집

그림 22 2017년 아시아 주요 5개국 출산율 변화

지금까지 20여 년에 걸쳐 추진해 온 일본의 육아지원정책의 시사점은 크게 세 가지로 요약할 수 있다.

첫째, 육아지원정책 중 국가의 직접적인 주택 공급을 통한 지원을 감소하고 있으며, 민간주택을 활용한 간접적 공급을 통해 안정화되고 있다는 점이다. 구체적으로 육아에 대한 안전책이 확보되지 않으면 출산을 기피하기 때문에 소프트웨어적인 육아지원 정책의 보강이 필요하다. 단편적으로 일정소득 이상의 세대기준보다는 일정 수준 이상의 육아세대 지원정책이 더 실효적일 수 있다. 민간주택에 육아지원세대를 위한 공공시설과 환경정비 기반을 확보하고 이를 인증하여 육아세대에 일정 수준 이상의 주거를 공급하는 시책이 바로 그것이다.

둘째, 육아세대지원 주택은 가장 좋은 입지와 이동하기 안전한 환경을 갖추어야 한다는 점이다. 영아와 유아의 성장에 따른 주택 내부의 가변성도 중요하지만 영유아가 주택 내부에서 생활하는 시간이 많은 점을 고려하여 베란다와 거실, 욕실 등 최소면적을 확보하는 등의 배려가 필요하다. 또한 무엇보다도 육아를 담당하는 부모활동 지원을 위한 최적의 입지와 이동환경의 확보는 육아부담 스트레스에 대해 큰 안정감을 제공한다. 병원, 보육원, 슈퍼 등과 학교, 놀이터, 키즈룸 등 성장기 아이의 안전한 생활환경 확보 여부는 육아세대가 주택을 선정하는 주요 요인이다. 2018년 일본의 국토교통성에서는 '육아지원세대를 위한 주거환경 가이드라인(2018)'을 배포하여 육아세대지원 주택 공급을 위한 최소기준을 제시하고 있다.

셋째, 정부나 지자체의 경제적 지원혜택이 육아세대의 육아환경 개선에 도움이 되는 시책으로 연계될 때 정책의 실효성 기대가 가능하다는 점이다. 국가의 직접적인 육아부담비 지원도 필요하지만 육아세대의 육아비용 절감을 위한 정책 역시 중요하다. 개별적 육아비용지원책은 결국 육아세대 개개의 부모에게 육아 전체를 전가하는 의미를 가진다. 핵가족화되는 세대의 육아부담은 비용적 문제를 떠나 육아활동 및 정보제공 등 소통과 교류의 장과 믿을 수 있는 안정된 육아의 장을 제공하고 참여를 유도하는 지원 시책이 실효성이 클 수 있다.

2019년 현재 우리나라의 0.98 출생률 기록은 육아세대를 위한 주택정책의 근본적 개선이 절실함을 보여준다. 육아는 아이와 부모가 중심이 되어 지역환경 속에서 보호되며 성장한다. 때문에 육아지원 주택 공급 정책은 육아세대가 사는 집을 단순히 제공하겠다는 의도만으로는 성과를 기대하기 어렵다. 육아세대의 육아활동에 필요한 범위와 시설 등을 고려한 종합적인 육아지원 환경 만들기가 실현될 때, 비로소 육아지원 정책의 실질적 효과가 출산율 증가로 나타날 수 있을 것이다. 우리나라의 육아 부모 모두가 편안하고 만족하는 주거환경이 실현되기를 기대한다.

:: 참고문헌

논문

하세가와 하야시(2016), 일본 젊은 세대 주거의식과 신혼 및 육아세대 주택지
    원정책, 신혼부부 패널조사 국제심포지움 발표자료, LH 토지주택연구원.

신문 기사

머니투데이, 日 저출산 골머리 "감소세 2년 빠르다", 김성은, 2019.10.07. 13:59,
    https://news.mt.co.kr/mtview.php?no＝2019100713352614038
경북 매일, 출생률 역대 최저… 정부 대책 효용성 재검토를, 등록일 2019.06.27.
    19:00, 게재일 2019.06.28. http://www.kbmaeil.com/news/articleView.html?
    idxno＝819823

웹문서

가와사키시 http://www.city.kawasaki.jp/500/page/0000018119.html
고베시 주택정책 http://www.city.kobe.lg.jp/life/town/house/information/l26.html
    (고베시)
네무로시 메이지단지
    http://www.mlit.go.jp/jutakukentiku/house/renkeimanual/kosodate.pdf
동경 세타가야구 http://www.city.setagaya.lg.jp/kurashi/102/119/331/335/index.html
동경 스미다구 http://www.city.sumida.lg.jp/matizukuri/zyuutaku/kosodate_mansion/
동경 이타바시구 http://www.city.itabashi.tokyo.jp/c_kurashi/001/001384.html
동경도 베이비스테이션 http://babystation.co.jp/
북앤 부동산 올파크 매물 https://www.house.jp/rent/bukken/panorama.php?k_
    number＝10270202&div＝002
사이타마현 주택정책 http://www.pref.saitama.lg.jp/site/kosodate-ouen-manshon/
시급 보육대책등 5개년사업
    https://www.mhlw.go.jp/bunya/kodomo/hoiku-taisaku.html
신엔젤플랜 https://www.mhlw.go.jp/www1/topics/syousika/tp0816-3_18.html
신코야스 가든 공식 홈페이지 https://www.tph-shinkoyasugarden.com/
신코야스 가든 운영관리프로그램 https://kanri.m-cloud.jp/user_session/new

엔젤플랜 https://www.mhlw.go.jp/bunya/kodomo/angelplan.html

요코하마 올파크 공식 홈페이지 https://www.yokohama-allparks.com/

요코하마LIVEIN https://www.city.yokohama.lg.jp/kurashi/sumai-kurashi/jutaku/
joho/kosodatelivein/gaiyou.html

요코하마시 http://www.city.yokohama.lg.jp/kenchiku/housing/keikaku/kosodate/

요코하마시 단독 육아지원형 제도 팜플렛 http://archive.city.yokohama.lg.jp/
kenchiku/housing/minju/kosodateribuown/kodate/2901-pamphlet.pdf

요코하마시 단독주택 육아 LIVEIN(보도기사) https://www.city.yokohama.lg.jp/
city-info/koho-kocho/press/kenchiku/2016/20170215-040-24860.html

요코하마시 주택정책 https://www.city.yokohama.lg.jp/kurashi/sumai-kurashi/
jutaku/joho/kosodatelivein/gaiyou.files/0001_20181022.pdf

육아지원 공영주택단지 정비사례
http://www.mlit.go.jp/jutakukentiku/house/ renkeimanual/08.pdf

일과 육아 양립대책 방침
http://www.gender.go.jp/kaigi/danjo_kaigi/kosodate/130706.html

저출산 대책추진기본방침
https://www.mhlw.go.jp/www1/topics/syousika/tp0816-2_18.html

저출산대책 플러스 원 https://www.mhlw.go.jp/houdou/2002/09/h0920-1.html

지역육아지원거점사업 https://www.mhlw.go.jp/content/000519576.pdf

홋카이도 지원정책 http://www.perf.hokkaido.lg.jp/kn/jtk

일본의 임대주택 주거서비스 사례와 시사점

**일본의
임대주택
주거서비스
사례와 시사점**

1. 들어가며

일본은 때때로 한국의 좋은 참고서다. 특히 주택부분에서 우리나라보다 먼저 고도 성장기를 비롯해 가격 폭등 및 시장 붕괴, 부동산을 둘러싼 사회·경제적 문제 등을 선경험하여 당면한 수요와 공급의 변화, 시장 안정, 니즈와 대응 등에 대한 주택정책 수립에 적지 않게 도움이 된다. 시장 흐름에 예민하게 대처할 수 있는 문제의 해결 실마리를 찾는 데도 유익하다. 관련 정책 리뷰를 통해 시행착오를 줄이고 최선의 대안을 미리 검증해볼 수도 있다.

최근 부상하고 있는 주거서비스만 해도 그렇다. 일본은 이미 2000년대에 들어 주거서비스를 도입하고 각종 제도와 실행 방법을 업데이트하고 있는 중이다. 또 이를 확대 적용해 공공에서는 주거 확보 지원과 생활지원을 주거복지차원에서 강화하고 민간분야에서는 임대관리 등 일정한 서비스를 제공하고 그 대가로 용역비를 받는 수수료 사업free business이 활성화되고 있다. 이를 바탕으로 대국민 주거서비스 확대와 함께 침체된 주택산업의 새로운 동력으로 활용하고 있는 것이다.

이에 비해 우리나라의 주거서비스는 아직 초보 단계다. 공공 부문이 선도적으로 나서고 있는 가운데 민간은 시장 여건이 덜 성숙한데다 가격 불안이 여전한 만큼 관련 출구나 방향조차 찾지 못하고 있다. 일본의 적용 사례지를 방문, 주거서비스의 작동 메커니즘과 성장 요인, 사업모델을 체크해보는 것은 이 같은 처지에 비추어보면 유의미한 일이다. 초기단계 로드맵을 수립하고 점차 확대시켜나가야 한다는 입장에서 보면 일본의 사례 연구는 적지 않게 길라잡이가 될 수 있다. 더구나 고용 확대와 신산업 육성 등으로 일자리는 물론 4차 산업에 대응해나가야 할 시점임을 감안하면 일본의 민영 및 공공 주거서비스를 들여다보는 것은 의미가 크다. 주거서비스소사이어티 관계자들과 둘러본 일본 현장 탐방 리포트를 토대로 시사점을 도출해본다.

2. 일본의 민간 임대아파트의 주거서비스

1) 하세꼬 라이브넷의 임대관리 서비스

하세코 라이브넷은 일본 국내 분양맨션(아파트)의 9.5% 정도를 건설한 하세코 그룹에서 임대부분을 담당하는 자회사다. 하세코의 경우 관리 맨션 규모가 분양맨션 36만 9,000세대, 임대맨션 8만

8,000세대, 회사 사택 5만 5,000세대 등 총 51만 2,000세대에 이를 정도다. 특히 하세코 라이브넷의 경우 지난 2012년 5만 1,712세대에 그쳤던 관리 세대수가 최근 몇 년 사이에 급격히 증가, 2017년 현재 60%가 증가한 8만 2,833세대에 이르고 있다. 이는 임대관리 전문사업체를 특화하고 전담조직을 구성하고 있는데다가 일본의 주요 7대 도시에 사업 거점을 두고 있는 데 따른 것이다. 민간 임대관리 니즈가 급격히 늘어나고 있는 것도 크게 작용한 것으로 분석된다.

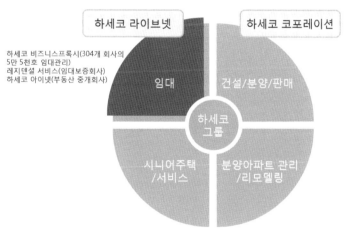

그림 1 하세코 라이브 넷의 역할

표 1 하세코 라이브넷 관리 세대 증가 추이

구분	2012.4.	2013.4.	2014.4.	2015	2016	2017
서브리스	8,949	8,777	8,857	8,765	8,215	10,661
위탁	42,763	44,291	43,280	47,992	57,603	72,172
계	10,961.04	10,790.04	10,871.04	10,780	10,231	12,678

(1) 계약관리 서비스

이 회사의 임대관리 계약서비스는 크게 세 가지 형태로 구분된다. 우선 가장 일반적인 ML PMMarster lease & Property Management 형태로 관리회사가 임대인과 마스터리스계약 및 재산관리 계약을 체결하고 임대관리를 수행하되 임대료는 입주자가 임대인에게 직불하고 관리비용은 임대인이 관리회사에 지급하는 방식이다.

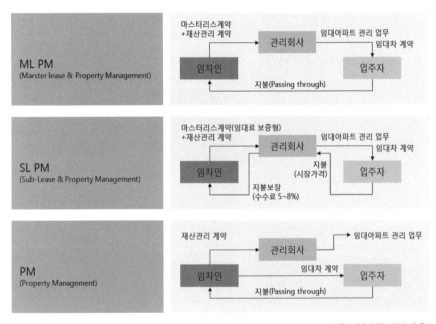

그림 2 임대차 계약 유형

또 SL PMSub-Lease & Property Management 방식으로 주택소유자의 임대경영 수요에 부응해 관리회사가 임대 일괄수탁계약을 통해 입주자 모집에서 운영까지 관리하고 임대소유주에게는 일정액의 임대료 수입을 보장해주는 사업방식을 택하고 있다.

마지막으로 PMProperty Management 방식인데, 관리회사가 주택소유자와 입주자 간의 임대계약은 간여하지 않고 다만 자산관리업무만 수행하는 패턴의 서비스를 제공하고 있다.

이 같은 세 가지 임대서비스 사업방식 가운데 가장 돋보이는 유형은 서브리스sub-lease 사업방식이다. 개인이 임대주택 경영을 하기에 부담스러운 만큼 여기서 발생하는 다양한 임대경영 문제와 고비용, 리스크 등을 관리회사가 떠맡는다는 점에서 주목해볼 만하다. 예컨대 입주자 민원과 분쟁, 건물의 유지관리, 임대표 체납, 공실률 발생 등의 문제를 전문적인 임대주택관리업체가 수행, 주택소유자의 부담을 대폭 덜어줄 수 있는 특장점이 있다.

(2) 서브리스(sub-Lease) 주거서비스

토지를 확보한 건축주가 임대주택을 건설할 수 있도록 도와주는 컨설팅 업무부터 서비스가 시작된다. 예를 들어, 임대 시장 조사와 건물계획, 인허가, 시공 등을 들 수 있다. 이어 임차인 모집 업무인 모집광고에서부터 입주희망자의 접수, 심사, 보증금과 레이킨(집을 빌릴 때 사례명목으로 집주인에게 지불하는 수수료성격의 금전) 등의 수납, 임대차 계약체결, 열쇠의 인도 등의 서비스를 제공한다.

수납업무와 관련된 서비스로는 임대료 지불 확인과 체납 독촉, 입출금 관리, 보고서 작성 등을 제공하며 24시간 입주 중 불만 대응을 비롯해 해약 통지서 접수 및 원상회복 비용 견적, 임차인이 지불해야 할 금액과 오너 부담금액 산정, 임차인 반환 금액 산정과 열쇠회수 등 해약 관련업무도 수행한다.

이 외에 건물관리 업무로 청소, 엘리베이터 등 각종 설비의 유지 관리, 법정 점검 실시, 공용부의 수선, 건물 전체의 대규모 수선공사 등의 용역을 제공한다.

(3) 하세코 라이브넷 LIPS

분양주택 건축주가 합리적으로 건축을 할 수 있도록 특화된 기술이 적용된 모델하우스 전시장을 운영한다. 건축을 위한 주거서비스 지원 프로그램을 운용한다는 차원에서 관심을 끌고 있다.

여기에는 건축자재와 배관, 인테리어 등 건축에 필요한 기술과 자재를 한곳에서 볼 수 있도록 전시하고 있는데, 사전에 건축비를 산정하는 데 유용하다. 임대수요 등을 감안해 최적의 모델을 택할 수 있는 장점이 있는 것으로 파악된다.

보의 사이즈를 줄여 천장고를 높일 수 있도록 하고 옵션에 따라 인테리어 수준을 조정하도록 하며, 높이 차이를 이용한 직선배관, 비상시 가동할 수 있는 화장실 펌프, 시스템 세탁기 배수구의 실제 시공모습을 볼 수 있다.

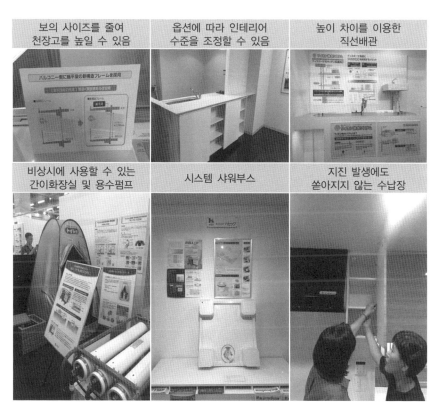

보의 사이즈를 줄여 천장고를 높일 수 있음	옵션에 따라 인테리어 수준을 조정할 수 있음	높이 차이를 이용한 직선배관
비상시에 사용할 수 있는 간이화장실 및 용수펌프	시스템 샤워부스	지진 발생에도 쏟아지지 않는 수납장

그림 3 하세코 라이브넷 LIPS의 주요 전시내역

(4) 하세코 원룸단지의 공간특화 주거서비스

도쿄 외곽 A 스탠다드 시바우라 임대주택단지를 방문, 공간의 물리적 특성을 살린 주거서비스 단지를 둘러본 것으로 평면은 26.85㎡ 규모의 타입으로 옵션에 따라 차이가 컸다. 외곽 단지인 만큼 자전거를 많이 이용함에 따라 이들을 위한 공용 공간이 특화되어 있는 게 돋보였다.

예컨대 자전거 실내 보관실을 비롯해 관리 및 수리공간이 확보되

어 있고 주민 편의를 위해 자판기와 무인택배함 등의 시설 서비스
가 확보되어 운용되고 있었다.

그림 4 A-스탠다드 임대단지 자전거 관련 특화시설

2) 레오팔레스21 임대관리서비스

지난 2008년 글로벌 금융위기 이전에 건설도급사업 위주로 경영
해오던 이 회사는 사업구조개혁을 단행, 임대사업을 기본으로 한
비즈니스모델을 주력사업으로 전환했다. 이에 따라 장기 임대계
약에 의해 입주기간의 장기화와 입주율의 안정화를 실현하고자
다양한 입주자 서비스를 제공하고 있다.

주로 법인계약 형태이나 법인 외에 개인과 학생의 임대계약 호수
를 늘리기 위해 각종 특화된 입주자 서비스를 전개하고 학교법인
영업부를 개설하여 전문적인 마케팅을 수행 중이다. 또 관공서

사업부도 발족하여 특화된 사업영역을 수행중이다.

LAMLeopalace Alliance Members를 통해 외국인 유학생이 현지에서 인터넷을 통해 임대계약이 가능하도록 시스템을 구축했다. 일본에 온 후에도 지원체제(가이드 북 제공, 콜센터 대응, 친목회 활동)를 확립하는 외국인 서비스를 활발하게 제공하고 있어 관심을 끌었다. 외국 국적 계약주 중 학생이 58%를 차지하는 등 상당한 성과를 거두고 있다는 게 관계자의 설명이다.

(1) 입주자 생활 주거지원 서비스

개인 입주자를 위한 주거서비스로 룸을 본인의 취향대로 변경할 수 있는 My DIY를 개설, 큰 호응을 얻고 있다. 무료로 한 개 면의 벽지를 소비자 취향대로 시공하고 선반 등을 설치할 수 있으며, 낙서도 가능하게 하는 방식이다. 1개 면의 원상복구 비용이 발생하지 않고 각종 무늬를 포함해 100종 이상의 벽지를 보유, 선택할 수 있게 하고 있다. 입주자의 다양한 취향을 임대아파트에 반영하도록 한 것이다.

입주자 전용 사이트 마이 페이지에서 온라인 쇼핑을 할 수 있고 각종 생활편의지원도 요청할 수 있다. 라이프 스틱이라는 인터넷 서비스로 에어컨, 난방 등을 스마트폰으로 조작할 수 있도록 하는 등 입주자 편의를 대폭 증진시켜나가고 있다.

이와 함께 오픈형 택배 로커인 PUDO스테이션을 도입해 누구나 사용할 수 있는 택배 로커를 업계 최초로 임대주택에 도입해 입주자는 물론 주변 주민이 이용하도록 함으로써 지역사회에서 환영을 받고 있다. 이외에도 여성의 입주율 증가와 법인들의 니즈에 대응해 대형 경비회사와 업무를 제휴, 침입자를 감시하고 화재나 비상시 대처하도록 하는 서비스도 시행중이다.

표 2 레오팔레스21 특화 주요 주거서비스

입주 주거서비스	세부내용
외국인 유학생 유치(LAM)	외국인 유학생이 현지에서 인터넷을 통해 임대 계약할 수 있는 시스템. 입국 후에도 서포트 시스템 운용, 대용 등 가능하도록 함
마이 DIY	입주자 취향에 맞는 1개 면의 벽지 등을 무료 시공 원상복구 비용이 발생하지 않음, 선반 등도 설치
온라인 쇼핑몰 운용	생필품 구입이 가능한 온라인 쇼핑몰 자체 운영 회사 전용 다양한 상품 판매, 수인 제고
학생입주자 인턴쉽	학생 고객 적극 유치를 위한 마케팅, 산학 연계 이벤트, 인턴쉽을 활용

(2) 보증 관련 주거서비스

임대채무보증상품을 개발, 큰 호응을 얻고 있다. 자회사로 플라자 임대관리보증회사를 설립해 공익비를 비롯해 원상복구비용 등의 채무를 보증하여 누구나 쉽게 입주할 수 있는 환경을 구축한 것이다.

일본의 경우 가족이나 친지 등의 연대보증인을 세우는 게 관행이다. 하지만 연대보증인 확보가 곤란한 사례가 증가하면서 이 같은 기능을 소화할 대체 역할이 필요했고 관련 보증상품을 출시, 인기를 끌고 있다. 모자세대, 장애인세대, 독거노인, 외국인 등의 연대보증인 확보 취약계층에 양질의 임대주택 거주를 가능하게 하는 등 취약계층 주거안정에 기여하는 바가 크다.

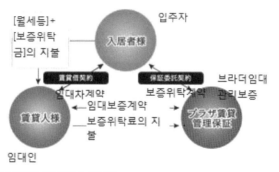

그림 5 임대채무보증 서비스 개념도

소액 단기 보험사업도 개발, 판매중인데 관심이 높다. 화재보험 등으로 대체가 불가능한 가구나 잔존물의 처리 비용을 해결할 수 있는 보험상품으로 유용하게 활용되고 있다. 틈새시장 보험상품을 생활지원 서비스로 제공하고 있는 사례이다.

(3) 평면 및 공간 특화 서비스

임대주택 공간을 소비자 특성에 걸맞게 다양한 평면과 공간으로 특화해 임대 수요층의 적응도를 높였다. 기본 원룸형부터 복층형, 다락방형, 2룸형, 여성전용 등으로 구성, 소비자의 특성에 따라 선택폭을 높인 것이다. 또 인테리어도 여기에 맞추어 특화함으로써 수요층의 니즈를 최대한 수용하고 내부의 공간의 활용도를 최대한 높여 다락방, 침실, 수납공간 등을 배치해 관심을 끌었다.

목욕탕에 빨래 건조기능을 복합시키거나 빨래를 말리는 장소가 협소함을 피하기 위해 거실에 선형 빨랫줄을 설치할 수 있도록 하고 세면대를 화장대와 결합시켜 공간 사용자의 편의를 높였다. 현관 손잡이, 수납, 물건걸이 등의 특화된 편의시설 설치 역시 입주자를 배려하는 서비스 정신이 반영된 시설로 평가되고 있다.

3. 일본의 공공 임대아파트의 주거서비스

일본 공공 임대 주택기획과 건설, 관리는 UR Urban Renaissance Agency 이 맡고 있다.

UR은 지난 1955년 일본주택공사로 출발해 1981년 주택 도시개발공사, 1999년 도시개발공사 등을 거쳐 2004년에 재탄생한 도시재생 공기업이다. 현재 분양주택은 더 이상 공급하지 않고 있으며 도시재생사업과 임대주택관리를 주 업무로 하고 있다. 사업비중을 보면 임대사업이 40%로 가장 높고 도시 재생 25%, 뉴타운 사업 11%, 도시재해 정비사업 14%순이다.

우리나라 토지주택공사 LH와 달리 UR은 중산층을 대상으로 임대주택을 공급하고 있으며 민간에서는 1인 가구 등 소가구를 대상으로 임대주택을 공급하는 반면 UR 임대주택은 3~4인 가구가 타깃이다. 중산층의 임대주택 거주 비율이 높아가고 있는데, 이는 주택 구입 후 주택 가격이 떨어지고 자유로운 이사가 가능하기 때문으로 분석된다.

그림 6 레오팔레스21.평면 및 공간, 시설 특화 서비스

1) 동경 히바리오카 임대단지 주거서비스

동경 도심에서 20km정도 떨어진 서동경시에 위치해 있는 임대단
지로 지하철역에서 6분 정도, 도심까지는 21분 정도가 소요된다.
1959년 입주한 임대주택단지를 1989년 재개발에 착수, 2004년부터 임대관리를 시작했다. 재개발 당시 모든 동을 재건축하지 않고 몇 개 동은 노인이 자신이 살아온 집이나 지역사회에서 벗어나지 않고 여생을 보낼 수 있도록aging in place 리모델링해 고령자 재택개호 의료서비스 거점으로 활용하고 있다. 단지 내에 커뮤니센터를 비롯해 생활지원시설인 히바리 테라스 118센터가 입지해 있고 단지 내에 양로홈과 보육시설, 교육시설 등이 갖추어져 있다.

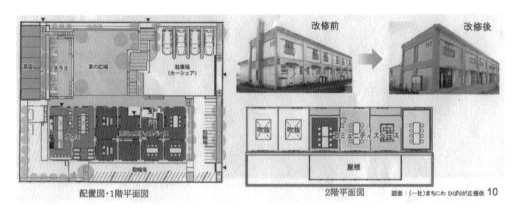

그림 7 히바리 테라스 118평면 및 공간 배치도

특히 낡은 건물을 리모델링하여 사용하고 있는 히바리 테라스 118센터는 지역자원을 활용해 다양한 입주민 지원서비스를 제공하는 주체다. 특히 UR 도시기구를 비롯해 전문업체, 주민자치회, 복지 등 지역관계자가 참여하는 별도법인체를 구성해 다양한 지원활동을 벌인다. 지역에서 오랫동안 거주한 원로가 법인 대표를 맡아 입주민과 주변 지역 간의 마찰 등을 해결하고 아파트 분쟁 등 동단위 관리조합일을 지원한다. 또 커뮤니티 룸을 지역 주민에게 임대, 모임장소 등을 제공하고 이벤트를 지원하기도 한다.

기존 주민과 신규 주민의 융화를 목적으로 카페를 운영한다. 이
밖에도 카셰어링 서비스 등 주민생활지원 서비스를 제공, 관심을
끌고 있다.

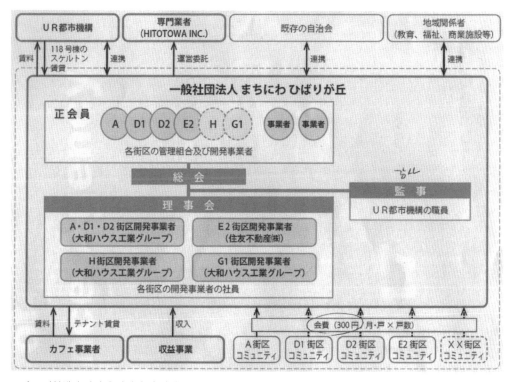

그림 8 지원센터 관리 운영체계 및 연계도

2) 다마다이라 임대단지 주거서비스

UR이 1950년대 대도시 주택 문제 해결과 JR역 주변 정비사업의 일
환으로 건설한 단지를 45년 정도 지난 1996년부터 재건축에 들어
간 단지로 전체 부지를 여러 개의 블록으로 구분, 순환재건축 방
식으로 진행 중이다.

UR을 비롯해 지역관계자, 입주민 등으로 구성된 회의를 통해 도시재생 관련 협의가 성공적으로 이루어지면서 단지 재생이 성공적으로 이뤄진 것으로 평가, 커뮤니티 관련 국제상을 수상하기도 했다.

재건축 당시 5개동을 남겨두어 대학생을 위한 셰어하우스, 텃밭을 운영 고령자 임대주택 등으로 사용하고 있으며 3개 구역은 아이디어 입찰을 통한 다양한 형태의 주거공간을 창출, 활용하고 있다.

대학기숙사로 사용하는 주동은 남녀가 구분되어 사용하도록 되어 있고 관리실과 공용주방이 있어 파티 등의 이벤트 시 활용된다. 옥외테라스에서는 요가수업 등을 진행하는 등 다양한 시설과 공간으로 입주민의 생활을 지원하고 있다.

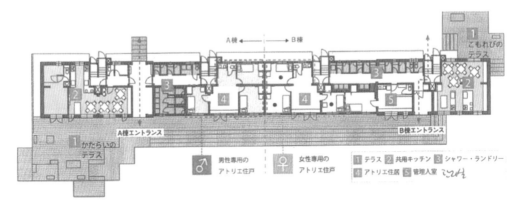

그림 9 다마다이라 대학생 기숙사동 평면도

텃밭이 있는 주동은 1층 세대에 작은 정원을 두고 있으며 공용텃밭은 주동 주민 외에 외부 지역사회 주민들도 임대형식의 경작이 가능하다. 텃밭에서 나온 농산물은 주민과 함께 바비큐 등에 이용한다.

고령자 주택임대 동은 엘리베이터를 신설하여 이용이 편리하도록 하고 르이마르라는 식당을 증축하여 레스토랑 겸 도서관 등 다목적 공간으로 사용하고 있다. 식당은 외부인도 이용이 가능하다. 365일 안부 확인이 가능하고 각 거실에는 긴급호출서비스가 완비되어 있다.

그림 10 다마다이라 임대단지 주거지원 시설

모든 지원시설이 시스템화되어 유기적으로 돌아가도록 한 점이 돋보인다. 대학생 셰어하우스와 고령자 주택이 서로 한 단지에 입지하도록 함으로써 젊은이와 노인들이 서로 어울릴 수 있도록 했으며, 레스토랑 등을 외부 지역주민들도 이용할 수 있도록 허용, 지역 혼합과 유대가 잘 되도록 한 점도 다마다이라 임대단지의 포인트라고 할 수 있다.

4. 일본 민영 및 공공 임대단지의 주거서비스 시사점

1) 성숙화 시장, 주거 패러다임의 변화

주택 수요가 많고 이에 대응한 공급이 확대되는 성장 시장과 달리 수요가 줄고 가격이 안정되는 성숙 단계에 접어들면 빈집이 급증하고 낡은 주택 문제가 심각한 해결과제가 된다.

일본은 지난 2000년대 이후 주택시장이 이 같은 성숙화 시장으로 빠르게 전환되면서 여러 가지 문제에 직면하고 있다. 고도성장기의 초과 수요 현상이 부동산 불패신화와 지가광란기를 불러왔으나 90년대 들어 급전직하로 떨어지는 버블 붕괴와 함께 저출산, 고령화까지 겹치면서 시장 패러다임이 급변하고 있다.

우선 보유비용 부담과 자산 가치하락 등으로 소유 욕구의 급격히 약화되고 이로 인해 신규 주택 수요 감소와 거래 부진이 유발되었고 마음대로 거주지를 옮길 수 없는 심각한 자유 거주 제약현상을 불러왔다. 이는 자가 위주의 주택 거주 패러다임을 임대 중심으로 급전환시키는 요인이기도하다.

여기에 저출산, 고령화 역시 주택시장의 활력을 떨어뜨리는 요인으로 작용, 공가(빈집)의 비율이 전체 재고 주택의 13%에 이를 정도로 심각한 수준에 이르게 되었다. 제2차 세계대전 이후 베이비붐 현상과 함께 고도 성장기를 거치면서 인구가 1억 3,000만 명에 달할 정도로 급격히 늘어났으나 단카이 세대의 은퇴와 함께 인구 구조가 1억 명 선을 유지하기도 힘든 형태로 변한 것이다. 가구 수도 함께 감소하는 패턴을 보이면서 신규 주택 수요는 급격히 감소하는 반면 빈집이 급증하는 결과를 낳았다.

소가구화 현상 역시 가족 모두가 서비스의 주역이자 수혜자였으나 이를 누군가가 대신해줘야 하는 주거서비스 대체 역할이 제기됨에 따라 주거서비스 중요성이 커진 것으로 분석된다.

공급자들의 사업 패턴 역시 크게 변할 수밖에 없는 구조다. 시장이 성숙함에 따라 가격이 안정되고 공급 수요가 줄어들어 만성적인 사업부진이 불가피해진 것이다. 성숙시장에서의 소비자 만족과 편의를 위한 수익 창출이 요구됨에 따라 사업구조를 관리 및 주거서비스 중심으로 바꾸고 있다. 종합부동산회사들을 중심으로 도심 복합개발사업 확대, 개발 및 보유, 관리 부문의 업역 확대와 사업 다각화에 역점을 두는 방향으로 진화하고 주택전문업체들은 원가절감형 생산방식 도입을 비롯해 임대, 분양 외에 관리, 중개 등 수수료 사업을 강화하는 이른바 주거서비스 분야로 수익

구조를 집중화하는 경향을 보이는 것도 같은 맥락이다.

2) 일본의 주거서비스 도입 및 진화 방향

일본 주택시장의 성숙화 단계에서 나타난 거주 중심의 임대 주택 선호와 낡은 중고맨션의 리뉴얼 문제는 일본 주택 정책을 재고 주택의 편익 증진과 이용자 중심의 서비스에 역점을 두는 새로운 방향 전환을 모색하게 한 것으로 분석된다. 특히 주택의 소유 욕구의 감소는 새 주택뿐만 아니라 기존 주택의 거래 부진, 빈집 양산을 초래, 주거이동에 심각한 제약을 동반하게 된다. 급변하는 라이프 스타일에 맞춰 주거이동을 해야 하는 시대적 흐름에 막대한 지장을 가져올 수밖에 없다.

도시의 큰 주택을 처분하고 은퇴 후 전원 속 작은 주택으로 옮기고자 하는데, 니즈 실현이 되지 않을 경우 관리 청소 등 비효율적 주거생활이 불가피해진다. 또 이에 따른 슬럼화와 빈집 문제가 심각해지고 있는 게 현실이다. 주거 약자는 불편 없이 싼 값과 편리한 이용을 전제로 주택을 쉽게 구하고 소유자는 리뉴얼을 통해 이용자 편의의 주택으로 전환하며 정부는 이 같은 연계고리를 형성하기 위해 지원하는 데 역점을 둘 필요성이 제기된 것이다.

따라서 일본은 지난 2006년에 중앙정부에 의한 주택의 양적 관리를 폐지하고 주거복지와 주거의 질적 문제에 대한 정책으로 전환, 주생활기본법을 제정하였다. 이어 2009년에 장기침체의 구조적 문제에서 탈피하고자 주택도시분야에서 도시재생과 지역활성화, 주거서비스 분야의 지원 대책을 마련, 추진하기에 이르렀다. 이는 2001년 발표된 주택 관련 22개 주거서비스 뉴비지니스 추진 비전과 함께 주택산업의 새로운 성장동력으로 작용할 전망이다.

한편 공공분양에서의 주거서비스도 대폭 강화되고 있다. 이미 제정된 주택 확보 요배려자에 대한 임대주택 공급 촉진에 관한 법률(새로운 세이프티넷법 개정)을 통한 주거취약계층의 임대료 지원 및 생활지원 서비스를 늘려나가고 있는 것이다. 특히 국토교통성과 후생노동성이 주택행정과 복지를 결합해 주거 확보 지원과 입주 후 생활 지원을 일원하고 단순 지원에서 벗어나 안심주거 사업 등 자립지원사업 등을 실시하고 있다. 임대주택등록제도를 비롯해 거주지원협의회 구성 등을 통해 탐색, 정착 위주의 지원책을 강화하고 있으며, 일반가구를 대상으로 주거정보센터를 운영하는 등 점차 지원범위를 확대하고 있다.

5. 일본의 주거서비스 도입이 주는 시사점

일본의 주거서비스 도입은 주택시장이 성숙기에 접어들면서 활성화되고 있는 것으로 이해된다. 특히 노후 낡은 주택, 빈집 문제 등이 이를 가속화시키고 임대 거주 수요의 증가와 소가구, 저출산 고령화 등도 주거서비스의 활성화를 촉진한 것으로 분석된다.

우리나라의 경우 지역적으로는 다소 불안장세가 연출되고 있으나 우리의 주택시장도 지방권을 중심으로 점차 성숙화시장의 면모를 보이고 있다. 이미 저출산 고령화는 심각한 사회·경제적 문제가 되고 있으며, 이로 인해 미지않아 성숙화된 주택시장에 진입할 것으로 사료된다. 이렇게 볼 때 주거서비스의 기반을 구축하는 일이야말로 시급한 과제가 아닐 수 없다. 체계적인 도입과 발전을 위해서는 관련 육성법이 선제정되어야 한다. 주거복지 차원에서 취약계층에게 제공되고 있는 공공주거서비스의 경우 전달체계의 재정립과 중장기 로드맵 마련이 절대 필요하다. 취약계층에 대해서는 지역사회 내에서 안정적인 주거생활을 할 수 있도록 주거의 탐색을 비롯해 정착, 유지 및 지역사회 거주를 지원하는 핵심적인 서비스를 우선적으로 제공하고 유기적으로 시스템이 작동해 지속적으로 돌볼 수 있는 구조도 요구된다. 여기에는 일본의 사례에서 보듯이 지역의 비영리단체나 시민단체 등 제3섹터가 주도적인 역할을 하는 것도 바람직하다. 일자리와의 연계성도 이 같은 차원에서 검토되어야 한다. 이미 발표된 전국적 주거복지센터 확대 설립도 인력 양성과 함께 안정적인 재원 마련, 제도 정비가 선행되어야 한다.

민간은 수익이 전제되어야 지속성을 가지며 산업화가 가능하다. 단순 생활지원서비스 위주로 운영되는 민간 서비스를 사업적 비즈니스로 확대할 수 있는 틀과 의식 전환이 필수다. 일본의 수수료 사업fee business도 사례 등은 참고할 만하다. 산업과 사업이 융복합화되어가는 추세에 따라 주거 지원에서 임대, 관리, 거래, 유통 등에서 새로운 토털 사업모델을 찾아야 한다.

:: 참고문헌

단행본

한국주거서비스소사이어티(2020), 주거서비스 인사이트, 박영사.
장용동(2007), 한국의 부촌, 랜덤하우스.
장용동(2000), 내집 마련 경제학, 살림출판사.

보고서

한국주거서비스소사이어티(2017), 일본의 주택공급 및 임대관리 국외출장보
　고서.
한국주거서비스소사이어티(2018), 민간섹터의 주거서비스 현황과 전망.
서울연구원,토지주택연구원(2015),버블붕괴 25년, 일본 주택정책의 교훈.
한국주거서비스소사이어티(2016), 주거기본법, 주거정책과 주거서비스 유형.
토지주택연구원(2017), 주택과 커뮤니티.

자료

HASEKO(2017), 프레젠테이션 자료.
HASEKO, SHIBAURA(2017), 임대주택 분양 자료.
UR(2014), 동일본 임대주택본부 多摩平團地 재생사업.
UR(2017), 히바리아 구릉단지 사업의 개요.
UR(2017), 도시기구 정보지 vol.50.
住友不動産,맨션분양 홍보자료(2017)
Leopalce21(2017),임대주택 경영방식 선택가이드.
Leopalce21(2017),부동산상담시스템자료.

웹자료

www.ur-net.go.jp　　　　　　www.madrebonita.com
www.mygenstar.com　　　　　www.889100.com
www.office-yuyu.com　　　　　www.yakult.co.jp
http://natsukokanno.com　　　www.rakuten.ne.jp

싱가포르 내 집 마련의 핵심, 중앙적립기금(CPF)

싱가포르
내집마련의핵심,
중앙적립기금
(CPF)

1. CPF의 도입 배경

세계 각국의 연금을 평가하는 지수가 있다. 멜버른-머서 글로벌 연금지수Melbourne Mercer Global Pension Index: MMGPI다. MMGPI는 전세계 37개 국가의 연금제도를 평가한다. 적정성adequacy, 지속 가능성sustainability, 완전성integrity 측면에서 40개 이상의 세부지표를 가지고 비교·평가한다. 2019년에 우리나라 국민연금은 49.8점(D)을 받아 37개국 중 29위에 그쳤다. 1위를 한 네덜란드가 받은 81점과 비교하면 매우 낮은 수준이다. 국민연금이 가지고 있는 주요 약점과 부족한 점을 개선하지 않으면 연금액의 적정성이나 지속성이 위협받을 수 있다고 MMGPI는 지적했다. 높은 평가를 받은 국가는 네덜란드, 덴마크, 스웨덴, 호주, 핀란드 등 북서부 유럽 국가들이다. 아시아권에서는 싱가포르의 중앙적립기금Central Province Fund: CPF이 유일하게 7위로 높은 평가를 받았다.

CPF는 1955년에 처음으로 도입되었다. 초기에는 근로자의 은퇴 후 안정적인 삶을 위한 국민연금의 목적으로 시작하였으나 점차 자가주택 구입 지원과 의료, 교육 등으로 사용처를 확대하면서 시대적 필요에 따라 발전시켰다.

싱가포르 국민의 80% 이상이 싱가포르 주택개발청Housing and Development Board: HDB이 공급하는 공공주택HDB flats에 살고 있다. 2019년 기준으로 국내 자가보유율이 60%를 간신히 넘어선 것과 비교하면 상당히 대조적이다. 특히 도시국가 싱가포르와 유사한 서울의 자가보유율이 50%도 채 안 되는 상황임을 감안할 때 싱가포르의 높은 자가보유율이 주는 의미는 상당히 크다. 이처럼 싱가포르의 자가보유율이 세계적으로 높을 수 있는 이유는 HDB 주택과 유기적으로 잘 연계된 싱가포르 정부의 CPF가 있기 때문이다. 따라서 싱가포르의 독특한 연금시스템인 CPF가 국민의 주택 마련에 어떠한 지원을 하고 있는지 알아보는 것은 국민의 주택 마련 지원체계를 만들어나가야 하는 측면에서 의미가 있다. 이에 CPF를 도입한 배경과 적립 구조, 이자, 적립과 인출 방법을 살펴보고, 평생 소득의 개념으로 도입한 CPF Life와 주택마련을 지원하는 CPF Housing에 대해서 살펴보고자 한다.

2. CPF의 구조와 프로그램 종류

1) CPF 변화와 구조

1955년에 도입된 CPF는 1968년에 제도를 개선하여 공공주택 구입을 지원하기 시작했다. 이는 공공주택 입주금을 마련하지 못하는 가구가 많아지자 정부가 국민들의 자가 지원을 위해 마련한 조치였던 것으로 보인다. 당시 입주금은 총 주택 가격의 20% 정도였으나 국민들은 이정도 규모의 초기 자금을 마련하는 것도 어려워했다. 이에 1968년부터 CPF 개인계정에 적립된 자금을 활용해 공공주택을 구입하거나 대출금을 상환할 수 있도록 하였다.

1977년에는 CPF 계정을 1개에서 2개로 분리했다. 기존의 단일계정을 일반계정OA과 특별계정SA로 분리해 좀 더 높은 적립률로 은퇴자금을 마련할 수 있도록 하였다. 1984년부터는 노년기에 필요한 의료서비스를 제공하기 위해 기존의 일반계정과 특별계정 외에 의료계정MA을 신설하여 총 3개 계정으로 분리하여 운용하였다.

이후 1987년에 최소유지금제도Mininum Sum Scheme: MSS가 도입되면서 현재와 같은 구조를 갖추게 되었으며, 만 55세 생일에 4번째 계정인 은퇴계정RA이 자동적으로 만들어진다. 특히 기대수명이 연장되면서 필요한 노후자금 규모가 늘어남에 따라 2009년에 최소유지금제도를 종신연금 형태로 발전시킨 CPF Life를 도입했다. 은퇴계정에 노후를 대비할 수 있는 최소유지금을 비축하고 연금보험 성격의 CPF Life에 가입하게 된다. CPF는 노후연금을 비롯한 각

종 의료비 보조, 교육비, 주택자금 지원, 사망 시 부양가족 보호 등
의 기능을 복합적으로 수행하는 싱가포르만이 독특한 종합적인
사회보장제도로 자리 잡았다.

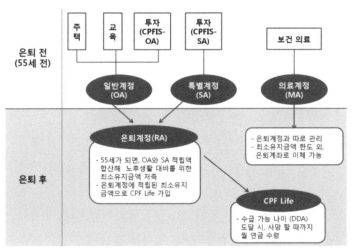

자료 : http://sgp.mofa.go.kr/korean/as/sgp/information/social/index.jsp

그림 1 CPF 구조

2) CPF 분담금과 계정별 적립률

〈표 1〉에 나타난 것처럼 연령에 따라 급여대비 CPF 분담금과 CPF
계정별 적립률이 다르다. 근로자 나이가 55세 미만인 고용주는 근
로자 부담분(급여의 20%)과 회사 부담분(급여의 17%)을 합산하
여 매달 37%를 개인별 CPF 계정에 자동납부한다. 55세 이후에는
연령에 따라 분담금이 낮아진다. 65세가 넘으면 CPF 분담금
12.5%로 낮아진다. 이때 본인 분담금은 급여의 7.5%, 회사 분담금
은 근로자 급여의 5%로 크게 줄어든다. CPF 분담금은 나이가 적

을수록 높으며, 일반계정에 많이 적립하고, 나이가 들수록 낮아
지고 특별계정과 의료계정에 더 많이 적립하는 구조로 운영한다.

표 1 연령별 CPF 분담금과 계정별 적립률(2016년 1월부터 변경하여 적용)

근로자 나이	분담금(급여 대비 %)			CPF 계정별 적립률(급여 대비 %)		
	고용주	근로자	총합계	일반계정	특별계정	의료계정
35세 이하	17	20	37	23	6	8
36~45세	17	20	37	21	7	9
46~50세	17	20	37	19	8	10
51~55세	16	19	35	15	11.5	10.5
56~60세	13	13	26	12	3.5	10.5
61~65세	9	7.5	16.5	3.5	2.5	10.5
65세 초과	7.5	5	12.5	1	1	10.5

자료 : Central Provident Fund Board(2019), Annual Report 2019 : Financial Statement
and Annexes, p.96

예를 들어, 40세 근로자는 급여에서 20%를 공제하고 급여를 받는
다. 이때 고용주는 근로자 급여의 17%에 해당하는 금액을 합쳐서
근로자 급여의 37%에 해당하는 금액을 CPF에 납부한다. 이 돈은
일반계정에 21%, 특별계정에 7%, 의료계정에 9%로 나누어서 적
립한다. 그러다가 58세가 되면 고용주와 근로자의 분담금은 각각
13%로 줄어들면서 총 분담금은 26%가 된다. 총 분담금은 감소하
지만 의료계정에 대한 적립률은 오히려 증가한다. 노년생활에 필
요한 자금 수요가 늘어날 수 있기 때문에 이에 대한 준비를 하는
것이다.

이처럼 싱가포르의 CPF는 근로자와 고용주가 매칭해서 만들어
가고 있는 근로자의 사회보장시스템으로 근로자의 나이에 따라

분담금 수준과 계정별 적립률이 다르다. 뿐만 아니라 CPF에 적립 대상이 되는 급여의 상한선을 정하고 있다. CPF 급여 상한선 ordinary wage ceiling은 2016년 1월 이후부터 6,000달러이다. 즉, 월 급여가 10,000달러인 사람이 CPF에 납부해야 하는 금액은 3,700달러(＝10,000달러×37%)이 아니라 급여 상한선(6,000달러)의 37%에 해당하는 2,220만 달러를 CPF에 납부하면 된다. 즉, 아무리 고소득자일지라도 월급여 상한선을 초과해서 CPF에 적립할 수 없다.

CPF가 처음 만들어졌던 1955년에 월급여 상한선은 500달러였다. 이후 조금씩 상향되어 1985년에 6,000달러가 되었다. 이는 2003년까지 유지되었으나, 2004년부터 2015년까지 4,000~5,500달러 내외 수준으로 하향 조정되었다가 2016년에 다시 6,000달러로 상향 조정되었다.

표 2 CPF 적립 대상이 되는 월급여 상한선

연도	1985.1.~	2004.1.~	2005.1.~	2006.1.~	2011.9.~	2016.1. ~
공제한도	6,000	5,500	5,000	4,500	5,000	6,000

자료 : Central Provident Fund Board(2019), Annual Report 2019 : Financial Statement and Annexes, pp.94-96 재정리

〈표 3〉은 근로자의 나이와 월급여 수준에 따라 CPF 분담금과 계정별 적립금 및 월급여 수령액 수준을 정리한 내용이다. 월급여가 아무리 많더라도 CPF에 적립해야 하는 급여의 최고 한계치는 6,000달러이다. 따라서 사례1의 경우처럼 월급여가 6,000달러에 미치지 못하면 급여 전체를 대상으로 CPF 분담금을 산출하지만, 월급여가 6,000달러를 초과하면 6,000달러까지만 대상으로 CPF

분담금을 산출한다(사례 2와 사례 3). 월급여가 동일하더라도 나이에 따라서 CPF 계정별 적립금 규모가 다르다(사례 2와 사례 3).

표 3 근로자 나이별 소득별 CPF 납부액 규모

구분		사례 1	사례 2	사례 3
근로자 특성	나이	30세	40세	58세
	월급여	5,000달러	10,000달러	10,000달러
CPF 납부 대상		5,000달러	6,000달러	6,000달러
CPF 분담금	고용주	850달러 (=5,000달러×17%)	1,020달러 (=6,000달러×17%)	780달러 (=6,000달러×13%)
	근로자	1,000달러 (=5,000달러×20%)	1,200달러 (=6,000달러×20%)	780달러 (=6,000달러×13%)
	합계	1,850달러 (=5,000달러×37%)	2,220달러 (=6,000달러×37%)	1,560달러 (=6,000달러×26%)
CPF 계정별 적립금	OA	23% → 1,150달러	21% → 1,260달러	12% → 720달러
	SA	6% → 300달러	7% → 420달러	3.5% → 210달러
	MA	8% → 400달러	9% → 540달러	10.5% → 630달러
근로자 월급여 수령액		4,000달러 (=5,000달러 −1,000달러)	8,980달러 (=10,000달러 −1,020달러)	9,220달러 (=달러10,000 −780달러)
특징		월급여 상한선 미달	월급여 상한선 초과	월급여 상한선 초과 분담금 감소

주: CPF 분담금과 CPF 계정별 적립금은 표에 있는 기준을 적용하여 산출함

CPF에 적립할 수 있는 연간 소득액의 한도는 10만 2,000달러로 연간 최대 3만 7,740달러까지 CPF에 적립할 수 있다. 이 중 월급여를 기준으로 적립할 수 있는 최대금액은 2만 6,640달러이다. 나머지는 비급여에 해당하는 다양한 인센티브(보너스)를 활용해서 적립할 수 있다. 예를 들어, 월급여가 6,000달러이고 연말에 5만 달러의 보너스를 받은 사람은 6,000달러에 대해서는 매월 6,000달러의 37%인 2,220달러를 12개월 동안 적립할 수 있어 2만 6,640달러

를 적립할 수 있다. 그리고 CPF에 적립할 수 있는 보너스는 CPF 연간 한도액 10만 2,000달러 중에서 기본급 7만 2,000달러를 제외한 3만 달러이다. 즉, 3만 달러의 37%인 1만 1,100달러를 CPF에 적립할 수 있다. 즉, 근로자가 CPF에 적립할 수 있는 연간 한도액은 3만 7,740달러이다.

3) CPF 계정별 특징과 이자율

CPF는 일반계정, 특별계정, 의료계정으로 운용되다가, 가입자가 만 55세가 되면 특별계정과 일반계정의 자금이 은퇴계정으로 바뀌게 된다. 계정에 따라 사용할 수 있는 용도와 지급되는 이자가 다르다.

2020년 기준으로 일반계정 이자율은 연 2.5%이며 주요지역 은행의 3개월 평균 이자율을 기준으로 결정된다. 특별계정과 의료계정의 이자율은 연 4%이며, 10년 싱가포르 정부증권(10YSGS)의 12개월 평균 수익률에 1%를 더한 값을 기준으로 계산된다. 은퇴계정 이자율은 연 4%이며, 전체 투자 포트폴리오의 가중평균 이자율을 기반으로 계산되며, 매년 은퇴계정에 적립되는 새로운 저축에 대해 10년 싱가포르 정부증권(10YSGS)의 12개월 평균 수익률에 1%를 더한 값을 기준으로 계산된다. 일반계정, 특별계정, 의료계정의 이자율은 분기별로 검토되며, 은퇴계정은 연간단위로 검토된다.

한 가지 특징적인 것은 싱가포르 정부는 은퇴 후 저축기능을 강화하기 위해 연령에 따라 추가이자를 지급한다. 가입자가 55세 이하이면 CPF 총 잔액 중 처음 $60,000에 대해서는 연간 1%의 추가이자를 지급한다. 55세 이상이 되면 첫 $30,000에 대해서는 연 2%, 다음 $30,000에 대해서는 연 1%의 추가이자를 지급한다. 즉, 55세가 넘은 경우 은퇴계정(RA)에 대해서는 최대 6%까지도 이자를 받을 수 있게 된다. 이때 일반계정(OA)에 적용되는 한도는 $20,000이다. 이러한 계정별, 연령별, 금액별 상황에 따라 지급되는 이자와 추가이자는 연말에 복리로 지급되기 때문에 가입자들의 자산증가 효과를 기대할 수 있으며, CPF를 활용한 안정된 생활이 가능하다.

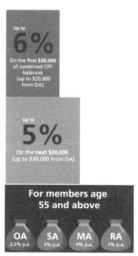

자료 : cpf.gov.sg(검색일 2020년 9월 24일)

그림 2 CPF 금리

이러한 이자지급 시스템으로 CPF 가입자들은 적립규모와 연령에 따라 더 많은 이자를 받을 수 있다. 〈표 4〉와 〈그림 3〉은 CPF가입자들에게 지급된 기본 이자base interest와 적립 규모에 따라 추가로 지급되는 이자extra interest와 나이에 따라 부가적으로 추가해서 지급되는 이자additional extra interest 추이를 나타낸 것이다.

표 4 CPF 가입자의 연간 이자규모(억, 달러)

구분	2015	2016	2017	2018	2019
총이자	108.3	120.5	132.0	143.5	155.7
기본 이자	96.3	105.7	116.5	127.3	138.9
추가 이자	12.0	12.5	13.0	13.5	14.0
부가적인 추가 이자	–	2.3	2.5	2.6	2.8

주 : 1. 이자는 월간 계산되며, 연간으로 누적해서 지급
   2. 추가이자(extra interest)는 가입자의 전체 금액 중 처음 6만 달러(OA 계정 2만 달러까지 포함해서)에 대해 지급되는 추가 1% 이자로 2008년에 도입
   3. 부가적인 추가 이자(additional extra interest)는 55세 이상 가입자를 대상으로 첫 3만 달러(OA 계정 2만 달러까지 포함해서)에 대해 추가로 지급되는 부가적인 추가 1% 이자로 2016년에 도입
자료 : cpf.gov.sg(검색일 2020년 9월 24일)

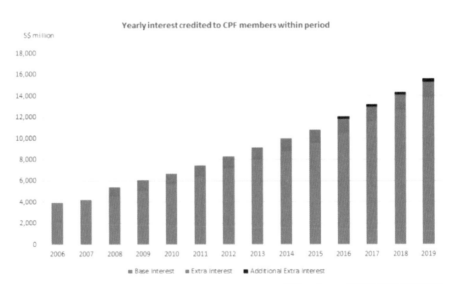

자료 : cpf.gov.sg(검색일 2020년 9월 24일)

그림 3 CPF 가입자의 연간 이자 규모

CPF 자금은 다양한 용도로 사용할 수 있다. 일반계정은 다른 계정보다 이자가 낮지만, 가장 큰 장점은 정부가 허용한 여러 가지 용도로 인출이 가능하다는 점이다. 주택구입자금이나 대출금 상환 및 생명보험료 납부 용도로 사용할 수 있으며, 정부가 승인한 투자나 교육비로도 활용할 수 있다. 무엇보다 일반계정의 잉여자금을 특별계정으로 이동시킬 수도 있다. CPF의 일반계정 적립액을 공공주택이나 민간주택 구입을 위해 사용할 수 있다. 이러한 제도가 싱가포르의 높은 자가주택 보유율이 80%를 상회할 수 있도록 만든 주요한 이유 중 하나다. 정부가 토지국유화를 통해 저가의 공공주택을 공급하고 국민들은 CPF 적립금을 활용해 주택 구입 자금을 쉽게 마련할 수 있다.

특별계정은 이자를 4~5% 지급한다. 일반계정보다 특별계정의 이자가 높기 때문에 일반계정 자금을 특별계정으로 이동할 수 있지만 한도가 있고 55세 이전에 인출할 수 없다. 특별계정은 계좌 한도금액Full Retirement Sum: FRS이 설정되어 있으며, 이는 매년 물가상승률을 고려해서 정해진다. 2020년 기준으로 FRS는 18만 1,000달러이며, 2021년에는 18만 6,000달러에서 2022년에는 19만 2,000달러이다. 따라서 일반계정 자금을 특별계정으로 이동할 때 FRS까지만 가능하다.

표 5 CPF 계정별 특징과 적립금에 대한 이자율

종류	특징	이자 (복리, 연말지급)

일반계정
(Ordinary Account .OA)
	– 인출이 가능한 계정
	– 제한된 용도에만 사용 가능
	  1) 주택구입자금 및 대출금
	     상환
	  2) 생명보험료 납부
	  3) 정부가 승인한 투자 및 교
	     육비
	– 특별계정(SA)으로 자금 이동
		초기 $20,000까지 3.5%
		나머지는 2.5% 적용

특별계정
(Special Account, SA)
	– 은퇴 후 노후 대비 자금 관
	  련 투자 상품으로 활용
	– 55세 이전에 인출 불가능
	– 계좌한도금액(FRS) 설정
	  2020년 $181,000
	  2021년 $186,000
	  2022년 $192,000
		초기 $40,000까지 5%
		나머지는 4% 적용

의료계정 (MediSave Account, MA)	병원입원비와 건강의료보험	
은퇴계정 (Retirement Account, RA)	만 55세가 되는 즉시 자동 생성	초기 $30,000까지 6% 나머지 금액은 5%

자료 : cpf.gov.sg(검색일 2020년 9월 24일) 내용을 토대로 재정리

4) CPF의 적립과 인출

CPF는 인출하는 것보다 가급적 보유하는 것이 유리하다. 개인이 파산한 경우에도 CPF는 모든 채권자로부터 보호되면서 추심되지 않는다. 또한 정부가 보증하고 있기 때문에 위험은 매우 낮고 수익은 좋은 투자상품이다. 뿐만 아니라 평생 복리로 이자를 지급하기 때문에 일반 예금이나 투자상품보다 안정적이고 자산증식 기대효과가 크다. 이러한 이유로 그림에서 나타난 것처럼 CPF 가입자 중 42%는 55세 이상이 되어도 인출하지 않는다. 특히 주된 이유는 더 높은 이자를 받거나 배우자나 가족들에게 CPF 적립액

을 이전해주기 위해서다.

일반계정은 연 3.5%, 의료계정과 은퇴계정은 연간 5%까지 이자
를 받는다. 55세 이상이 되면 초기 3만 달러에 대해서는 추가로 1%
의 이자를 더 받을 수 있다.

정부는 최근에 CPF 가입자들이 배우자나 가족에게 더 쉽게 CPF
적립액을 이전해줄 수 있도록 제도를 개선했다. 2016년부터 CPF
가입자들은 BRS를 초과하는 적립액을 배우자에게 이전할 수 있
게 됐다. 2018년 10월부터는 부모와 조부모에게도 이전할 수 있게
됐다.

Did not make withdrawals   Made withdrawals
            (42%)   (58%)

자료 : CPF Board's Management Information Department, 2018.8. CPF Trends

그림 4 55세 이후에 현금을 인출하는 CPF 가입자수 비중

10명 중 6명은 55세가 되면 CPF를 인출한다. 인출액 규모는 평균
적으로 3만 3,000달러(중간 규모 9,000달러)이다. 인출한 돈은 크
게 ① 특별한 용도 없이 은행계좌에 넣어두기, ② 생활비나 대출
상환과 같은 단기적인 비용 지출, ③ 해외여행, 휴가, 주택 개선과
같은 고비용에 대한 지출과 같이 세 가지 용도에 주로 사용한다.

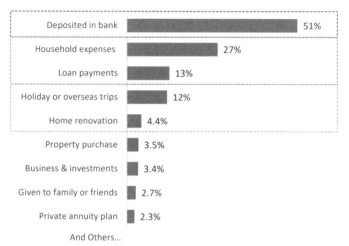

Notes:
1. Other than the 3 commonly reported uses, relatively small proportions of CPF members used their withdrawals for other purposes, such as for investments or financial plans, or to give to their family.
2. Figures do not sum to 100% as respondents may report more than one use for their withdrawals.

Source: Retirement and Health Study Wave 1 (2014) & Wave 2 (2016)

자료 : CPF Board's Management Information Department, 2018.8. CPF Trends

그림 5 55세 이후에 인출한 현금의 사용 용도

3. CPF Life와 CPF Housing

1) CPF Life가 주는 평생소득

CPF Life는 교육비, 의료비, 매년 복리로 지급하는 이자와 같이 CPF가 제공하는 일반적인 혜택과 더불어 죽을 때까지 일정금액을 추가로 받을 수 있는 제도이다. 2020년 기준으로 최대 월수령액을 2,180달러까지 받을 수 있다. CPF Life를 도입하게 된 배경은 점차 사람들의 기대수명이 늘어나는데, 55세 이후에 CPF에 적립

해뒀던 자금을 무분별하게 인출해서 써버리면 노후가 불안정해질 수 있기 때문이다. 이로 인해 발생할 수 있는 문제를 사전에 차단하고 은퇴 후에도 안정된 노후생활을 지속할 수 있도록 CPF에 적립된 자금 중에 일정금액을 별도로 적립해 죽을 때까지 연금으로 지급할 수 있도록 만든 우리나라의 국민연금과 비슷한 제도이다.

〈그림 6〉에 나타난 것처럼 CPF에는 OA, SA, MA가 있다. CPF의 SA에 있는 돈은 만 55세가 되면 바로 RA로 바뀌게 된다. RA에 있는 돈은 가입자의 선택에 따라서 CPF Life로 바꿀 수 있다. 이는 강제사항은 아니다. SA에 있는 돈이 적어서, RA에 돈이 조금밖에 없어서 CPF Life를 충당할 수 없다면 OA에서 RA로 돈을 옮겨서 CPF Life로 전환이 가능하다.

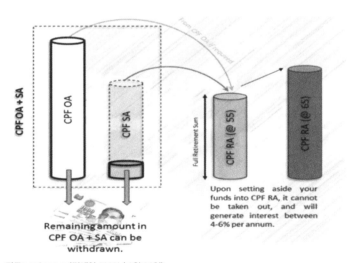

자료 : cpf.gov.sg(검색일 2020년 9월 24일)

그림 6 55세 이후 CPF의 구조 변화

우리나라 국민연금은 석립된 금액에 따라서 수령할 수 있는 연금이 정해지만, CPF Life는 가입자가 원하는 RA 설정방식(세 가지)과 자금인출방식(세 가지)에 따라서 총 9가지 플랜이 가능하다. RA에 있는 자금을 CPF Life로 전환할 때 RA에 남겨두는 금액에 따라 세 가지 방식이 있다. BRSBasic Retirement Sum(9만 500달러), 가장 기본이 되는 FRSFull Retirement Sum(9만 500달러), ERSEnhance Retirement Sum(27만 1,500달러)이다. RA에 돈이 충분히 없는 사람은 BRS 방식으로 9만 500달러까지만 RA에 남겨두고 나머지를 CPF Life로 전환할 수 있다. RA에 좀 더 자금 여유가 있는 사람은 ERS 방식으로 27만 1,500달러까지 RA에 남겨두고 나머지를 CPF Life로 전환할 수 있다.

인출하는 방식에 따라서도 SPStandard Plan, EPEscalating Plan, BPBasic Plan 등 세 가지 방식이 있다. SP는 죽을 때까지 일정금액을 계속해서 받는 방식이고, EP는 처음에는 조금만 받고 매년 2%씩 늘려서 수령하는 방식이다. BP는 사망 시까지 최대한 조금만 수령하고 상속자에게 최대한 남겨줄 수 있는 방식이다.

CPF Life는 〈표 6〉에 나타난 것처럼 RA 설정방식BRS, FRS, ERS과 자금인출방식SP, EP, BP에 따라 9가지 플랜이 가능하며, 각자 개인의 상황에 따라 선택하면 된다. 가장 일반적인 CPF Standard Plan은 본인이 수령하는 금액은 많지만 상속할 수 있는 자산은 적다. 반면에 CPF Basic Plan은 본인이 수령하는 금액은 상속할 수 있는 자산이 많아진다. 따라서 가입자의 상황에 따라서 아홉 가지 유형 중선택하면 된다. 가입은 만 55세가 되면서 하지만 수령하는 것은 만 65세부터다.

표 6 CPF Life Plan의 아홉 가지 유형

구분		65세부터 받게 되는 월 지급액		
		SP (default plan)	EP (초기금액, 매년 25 증가)	BP
55세에 RA에 적립하는 금액	BRS (90,500달러)	750~810달러	750~810달러	710~740달러
	FRS (181,000달러)	1,390~1,490달러	1,070~1,180달러	1,310~1,360달러
	ERS (271,500달러)	2,030~2,180달러	1,560~1,720달러	1,920~1,980달러

자료 : cpf.gov.sg(검색일 2020년 9월 24일)

2) CPF를 활용한 주택 마련과 주택보호

CPF 가입자수와 잔액은 꾸준히 증가하고 있다. 2019년 한 해 동안 가입자수가 2% 늘어나면서 약 400만 명에 이르는 사람이 CPF에 가입했고, CPF 잔액도 2019년 한 해 동안 9%가 증가하면서 약 4,251억 달러가 되었다. 2020년 2분기 기준으로 CPF 가입자는 약 401만 명이고 총잔액은 4,448억 달러로 우리나라 돈으로 약 376조 원에 해당한다. 일반계정에 1,507억 달러(전체 33.9%), 특별계정에 1,134억 달러(전체 25.5%), 의료계정에 1,066억 달러(전체 24%), 은퇴계정에 741억 달러(전체 16.6%)가 있다.

CPF 가입자들은 CPF 일반계정 저축을 사용하여 공공주택HDB flats 이나 민간주택을 구입할 수 있다. 주택 구입 시 초기자금down payment 불입에 사용될 수도 있고, 매월 지급되는 원리금 상환액 momthly housing payment으로도 사용될 수 있다.

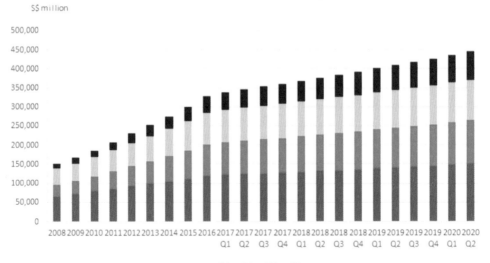

자료 : cpf.gov.sg(검색일 2020년 9월 24일)

그림 7 CPF 계정별 잔액

공공주택 구입자는 주택구입 및 융자상환과 자금조달을 위해 우
선 CPF를 통해 1차 지원을 받으며, 부족분이 발생할 경우 HDB로
부터 주택 가격의 80%까지 주택자금을 융자받을 수 있다. CPF와
HDB를 통해서도 주택 구입 자금이 부족하다면 일반 금융기관을
통해 주택자금을 지원받을 수 있다. 민간주택 구입자의 경우 주
택 마련을 위해 1차적으로 CPF를 통해 자금을 조달하고 부족하다
면 일반 금융기관으로부터 자금을 융자받게 된다. CPF에서 사용
할 수 있는 최대금액은 〈표 7〉에서 나타난 것처럼 CPF를 사용하
는 최연소 소유자의 연령과 아파트의 남은 임대기간에 따라 최대
100%에서 최소 40%까지 차이가 난다.

표 7 주택구입에 활용할 수 있는 최대 CPF 저축액

		CPF를 사용하는 최연소 소유자의 연령(년)			
		25	35	45	55
남은 아파트 임대(년)	70 이상				
	60	80%	100%		
	50	60%	75%		
	40	40%	50%	67%	

자료 : cpf.gov.sg(검색일 2020년 9월 24일)

표 8 CPF Housing 제도 이용자수와 인출금액

구분	공공주택(HDB flats)				민간주택			
	이용자수	인출금	이용자수	인출금	이용자수	인출금	이용자수	인출금
단위	만 명	억 달러	만 명	억 달러	만 명	억 달러	만 명	억 달러
	당해 연도 기간 내		연말기준(누적)		당해 연도 기간 내		연말기준(누적)	
2016	74.0	69.7	151.4	1,335.2	20.2	39.1	33.0	644.0
2017	76.9	73.8	154.0	1,412.2	21.3	37.2	34.8	683.0
2018	75.5	62.2	156.2	1,479.4	22.8	28.4	35.9	718.0
2019	74.4	62.8	158.5	1,544.5	22.7	38.1	36.6	754.9

자료 : cpf.gov.sg(검색일 2020년 9월 24일) 재정리

〈그림 8〉에 나타난 것처럼 주택 마련을 위한 CPF 인출잔액은 꾸준히 증가하고 있다. 공공주택 마련을 위해 인출한 금액이 민간주택 마련을 위해 인출한 금액보다 2배 정도 더 많다. 공공주택 마련을 위해 CPF를 활용한 사람은 2019년 한 해 동안 약 74만 4,000명에 이른다. 이들이 인출한 금액은 모두 62.8억 달러에 이른다. 반면에 민간주택을 마련하기 위해 22만 7,000명 정도가 이용했으며, 인출한 금액은 38.1억 달러에 이른다. 이처럼 매년 공공주택 마련을 위해 약 70만 명이 60~70억 달러, 민간주택 마련을 위해 20만 명 내외가 30억 달러 내외를 이용한다. 2019년 기준으로 CPF를 활

용해 주택을 마련한 사람은 공공주택 158만 5,000명, 민간주택 36만 6,000명에 이른다. 약 200만 명 정도가 CPF를 활용해 주택을 마련했다.

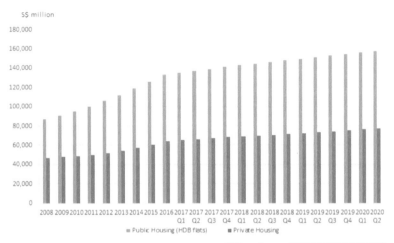

자료 : cpf.gov.sg(검색일 2020년 9월 24일).

그림 8 주택 구입을 위해 인출한 CPF 잔액

CPF는 가입자가 장애를 입거나 불치병에 걸리거나 사망하는 등 예기치 못한 위기가 발생할 경우를 대비해서 가구보호제도Home Protection Scheme: HPS를 두고 있다.

HPS는 CPF를 통하여 HDB 주택을 구입한 가구가 사망하거나 불치병에 걸리거나 또는 영구적인 장애를 입는 등 주택구입자금의 잔액을 상환하기 어려운 상황에 처했을 때 주택구입자금의 나머지 상환잔액을 CPF 위원회가 대신 지불해주는 모기지 감소보험Mortgage Reducing이다. 갑작스런 위기에 처해 주택구입자금

상환이 어려운 위기가구는 HPS 보험제도를 통해 HDB 주택을 상실하지 않고 유지할 수 있기 때문에 CPF 가입자와 가족이 보호받을 수 있다. 따라서 CPF 가입자 중 CPF를 활용하여 HDB 주택을 구입하고 매달 주택융자 할부금을 납부한다면 HPS 보험에 반드시 가입해야 한다. 이때 보험금은 CPF의 OA 계정이나 SA 계정에서 납부하게 되는데, 연간 보험료는 HPS 보장기간의 90%만 지불하면 된다. 즉, HPS 보장기간이 30년이라고 하면, 보험료는 27년만 지불하면 된다. 가입자 입장에서는 납입한 보험료보다 더 오랜 기간 보장받을 수 있기 때문에 유리하다. HPS의 보장기간은 가입자 연령이 65세가 되거나 주택융자를 상환할 때까지(둘 중에서 빠른 날짜로 선택) 적용받는다. ECExecutive Condominium 또는 HUDCPrivateized Housing and Urban Development Company 아파트와 같은 개인 주거용 부동산은 공공주택이 아니기 때문에 보호 대상이 아니라 HPS 보험 혜택을 받을 수 없다. 민간주택 구입 시에는 민간시장의 별도 보험을 따로 가입해야 한다. CPF의 HPS를 이용한 가구는 〈표 9〉와 같이 연간 60만 가구에 이른다.

표 9 CFP 가구보호제도(HPS) 이용가구 규모

구분	2015	2016	2017	2018	2019
이용자수	605,763	607,130	611,227	609,517	596,752
지원금액 (억 달러)	907.9	935.7	968.5	985.0	975.0

자료 : cpf.gov.sg(검색일 2020년 9월 24일)

4. 싱가포르의 공공주택과 자금 조달

싱가포르 HDB는 1964년 자가소유촉진정책Home Ownership Scheme 을 도입하고, 토지수용법 제정을 통한 점진적인 토지 국유화 및 저렴한 택지공급을 실시하였다. 그 결과 국민의 80% 이상이 HDB 주택에 사는 집 걱정 없는 나라로 알려져 있다.

HDB는 5개 지역에 걸쳐 27개의 주거지를 공급하고 있으며, 이곳 에 싱가포르 인구의 80% 이상이 살고 있다. 단지마다 지역의 특성 을 반영한 계획을 수립하고 있으며, 10만~20만 명 규모의 인구가 살고 있다. 주택단지 규모는 2~6만 호로 다양하다. 〈표 10〉은 HDB가 공급하고 있는 주거지이며, 〈그림 9〉는 주요 주거지의 모 습과 주거지에서 거주하고 있는 거주민수와 HDB가 관리하고 있 는 주택수이다.

표 10 HDB가 공급한 주거지

지역	주거지명
북부	Sembawang, Woodlands, Yishun
북동부	Ang Mo Kio, Hougang, Punggol, Sengkang, Serangoon
동부	Bedok, Pasir Ris, Tampines
서부	Bukit Batok, Bukit Panjang, Choa Chu Kang, Clementi, Jurong East, Jurong West, Tengah
중심부	Bishan, Bukit Merah, Bukit Timah, Central, Geylang, Kallang/Whampoa, Marine Parade, Queenstown, Toa Payoh

자료 : hdb.gov.sg(검색일 2020년 10월 2일)

Toa Payoh(105,000명, 37,900flats)　Hougang(179,500명, 54,328flats)

Punggol(187,800명, 49,909flats)　Pasir Ris(108,400명, 49,654flats)

Tampines(232,700명, 68,812flats)　Clementi(72,300명, 26,727flats)

Central(27,700명, 12,316flats)　Queenstown(82,500명, 32,678flats)

주 : 거주민수와 주택 수는 2018~2019년 기준임
자료 : hdb.gov.sg(검색일 2020년 10월 2일) 자료 재정리

그림 9 HDB가 공급한 주요단지 전경

〈표 11〉은 HDB 공급하는 주택 가격과 사금 마련 방법 및 원리금 상환 수준이다. 주택구입자는 은행을 통해 대출을 받거나 CPF OA 보조금을 이용해 구매할 수 있으며, 월상환 부담은 급여의 25% 이내로 운용하게 된다.

표 11 주택 가격, 보조금 및 원리금 상환 부담

주택 유형	2room	3room	4room	5room
면적(m²)	36/45	65	90	110
평균 주택 가격(달러)[1]	113,000	194,000	295,000	381,000
추가 CPF보조금[2]	35,000	25,000	5,000	0
특별 CPF보조금[2]	40,000	40,000	40,000	0
순 주택 가격	38,000	129,000	250,000	381,000
중위 월소득[3]	2,000	2,600	4,600	6,500
월 상환액[4]	122	498	1,001	1,556
원리금상환부담 (Debt Service Ratio)	6%	19%	22%	24%

주 : 1) 2017년 건축된 신규 HDB 주택의 평균 판매 가격
2) 추가 및 특별 CPF 보조금 지급 자격이 되는 경우 최대 주택 가격의 90%를 받을 수 있으며, 주택 구매자는 10% 이하의 금액으로 주택을 구입할 수 있음
3) 중위 월소득은 2017년 HDB로부터 직접 주택을 구입한 사람들이 소득을 기준으로 계산
4) 25년 동안 2.6%의 이자율을 기준으로 계산
자료 : 국회예산정책처 경제분석국(2018), 싱가포르 국외출장결과보고서(HDB 제공 자료)

〈그림 10〉은 공공주택 공급을 위한 자금 조달 구조를 비교한 것이다. 우리나라와 비교해보면 크게 세 가지 측면에서 구조적 차이가 있다. 주택에 특화된 주택개발청HDB의 존재, 모든 국민을 대상으로 자가보유를 목적으로 공급하는 공공주택, 개인의 급여를 기반으로 강제 적립한 CPF를 활용한 주택구입자금 지원과 위기가구를 보호하는 제도를 갖추고 있다는 점에서 차이가 있다.

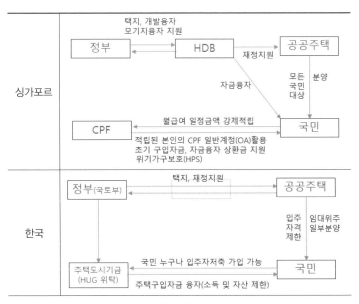

그림 10 공공주택 마련을 위한 주택금융시스템 비교

5. 시사점

싱가포르는 작은 도시국가지만 국가경쟁력이 매우 높은 나라다. 주택개발청HDB이 국민의 니즈에 맞는 공공주택을 다양하게 공급하고, 개인능력에 따라 주택을 구매할 수 있도록 중앙적립기금 CPF도 지원하고 있다. 이러한 싱가포르만의 독특한 주택 공급시스템은 국민의 80% 이상이 자가를 소유하면서 집 걱정 없이 살 수 있는 나라를 만들어냈다.

우리나라도 공공주택을 공급하고 자격이 되면 주택도시기금을 통해 주택 구입 자금을 지원한다. 그러나 평범한 대부분의 사람은 은행 대출을 통해 집을 마련하고 있지만, 주택 가격이 지속적으로 오르고 정부의 대출 규제로 대출 자체가 힘들어지면서 내 집 마련은 점점 더 어려워지고 있다.

토지를 국유화한 싱가포르와 우리나라 주택시장 환경은 매우 다르다. 싱가포르의 주거 모델을 바로 우리나라 주택시장에 적용하는 것이 바람직하지 않은 이유이다. 그렇더라도 싱가포르 주거 모델이 작동하는 원리 중 몇 가지는 적용 가능성을 살펴보는 것이 필요하다.

첫째, 자가소유정책이다. 싱가포르는 강력한 자가소유촉진정책을 추진하고 있다. 자기 집을 가지고 있어야 국민의식도 더 높아지고 집에 대한 애착을 가질 수 있으며, 집 문제가 해결되어야 다른 경제활동에 집중할 수 있다고 판단을 하는 것이다. 청년가구가 무리해서 굳이 집을 가질 필요는 없다. 그렇지만 결혼하고 자녀를 둔 가구는 내 집을 가지고 집 걱정 없이 살 수 있는 환경이 필요하다.

둘째, 강제 저축과 주택 구입 지원 체계다. 싱가포르는 각자 적립한 돈을 기초해서 주택 구입 자금을 지원해준다. 그래서 주택 가격의 10% 정도만 있어도 집을 마련할 수 있다. 우리나라는 청약저축이 있지만 저축의 기능이 크지 않다. 단지 청약할 수 있는 자격을 부여받기 위한 조건일 뿐이다. 큰 자산이 필요한 만큼 청약저축이 주택 마련을 위한 기초자산 형성 기능을 강화할 필요가 있다. 또한 청약저축을 국민연금에 연계하여 생애주기에 필요한 자금으로 활용할 수 있도록 세부적 설계가 필요해 보인다.

셋째, 자산 형성을 지원해야 한다. 싱가포르는 국민들이 적립한 돈에 충분한 이자를 지급한다. 정부가 인정한 투자도 할 수 있도록 창구를 열어놓고 있다. 급여만으로 자산형성에 한계가 있기 때문에 정부는 연령별, 급여 수준별로 차등적인 높은 이자를 지급하고, 투자를 통해 수익을 만들 수 있도록 해주고 있다. 투자할 수 있는 상품을 만들어주고 건전한 투자환경을 조성해줘야 한다. 또한 자산을 증식할 수 있는 기회도 주어야 한다.

넷째, 주택전문기관이다. 싱가포르의 HDB은 국토개발부Urban Redevelopment Authorith: URA 산하기관이다. 주택 부문의 장기 계획 목표를 바탕으로 주택 공급 및 도시개발 방향을 설정하고 실제 건설 및 조성사업을 시행한다. 최근 주택청 신설에 대한 논의가 있다. 우리나라에는 국토교통부 산하에 한국토지주택공사LH와 주택도시보증공사HUG가 있다. 두 기관 모두 계획기능은 없다. 중앙정부의 계획에 맞춰 실행만 할 뿐이다. 독립된 장기계획을 수립하고 집행할 수 있는 권한을 가진 기관이 필요하다.

:: 참고문헌

국회예산정책처 경제분석국(2018), 싱가포르 국외출장결과보고서.
박미선(2015), 싱가포르 주택정책 전개와 중앙연금기금의 역할, 주택금융월보
신동면(2015), 싱가포르 사회보장제도: 중앙적립기금을 중심으로, 보건복지
　　포럼.
싱가포르대사관(2015), 싱가포르 중앙적립기금(CPF)제도.
Central Provident Fund Board, 2020.5, Annual Report 2019.
Central Provident Fund Board, 2020.5, Financial Statement.
Central Provident Fund Board, 2020.8, Financing your home with CPF.
CPF Board's Management Information Department, 2018.8. CPF Trends.
http://sgp.mofa.go.kr/korean/as/sgp/information/social/index.jsp
https://www.hdb.gov.sg/cs/infoweb/about-us/history/hdb-towns-your-home

내 집 마련 지원 정책으로서
싱가포르 공공주택정책

내 집 마련 지원 정책으로서 싱가포르 공공주택정책

1. 들어가며

싱가포르는 전체 주택의 80% 이상이 공공주택이다. 주거안정을 위해 공공임대주택의 비중을 확대하고자 하는 국가나 지역에서 주목하는 국가이기도 하다. 2020년 3월 기준 공공주택인 HDB 주택에 거주하는 인구의 비율이 80%이며 가장 비율이 높은 1990년에는 87%에 달하기도 하였다. 또 하나 주목할 점은 높은 자가율로 높은 공공주택 비중과 함께 싱가포르 주택 부문의 주요한 특징이기도 하다. 싱가포르에서는 국민 대부분이 공공주택에 거주하고 있고, 내 집 마련 지원에서도 공공주택을 적극 활용하였으며, 그 결과로 두 가지 특성이 두드러지게 된 것이다. 공공주택의 공급 시스템, 주거비 지원 정책 및 공공주택의 구입 과정 등을 통해 싱가포르의 공공주택정책이 내 집 마련에서 어떠한 역할을 하고 있는지 살펴보기로 한다.

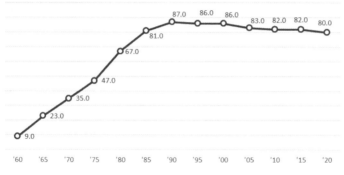

그림 1 싱가포르 HDB 주택 거주인구의 비율 추이(1960~2020.3)

2. 싱가포르 주택 부문 현황 : 공공주택의 높은 비중

싱가포르 주택정책을 수행 기관인 HDBHousing & Development Board
(주택개발청, 1960)가 설립된 시기의 싱가포르는 양적인 주택 부
족과 질적으로 열악한 주거환경에 놓여 있었다.[1] 전후 현재까지
주택정책을 보면 크게 4기로 구분된다. 심각한 주택 부족을 해결
하기 위한 제도 구축 및 정부 주도의 적극적 개발에서 현재는 주
택 재고가 초과되어 HDB 역할을 조정하는 시기까지 싱가포르 주
택 부분의 변화가 감지된다. 그럼에도 싱가포르 주택 부문은 여
전히 공공주택 중심으로 공급되고 운영된다는 점은 여전하다.

----

1   HDB 이전 주택정책 수행 기관으로 SiT(Singapore Improvement Trust, 1927)가 있
     었으나, 도심의 급격한 인구 집중에 따른 심각한 주택 부족 문제에도 불구하고 실제로 공급
     한 주택 물량은 이에 미치지 못했다. 1947년 도심에 70%가 넘는 94만 명가량의 인구가 거
     주하고 있었고, 1947년부터 1959년 동안 150만 명으로 인구가 증가했으나, SIT는 10만
     명가량을 수용할 수 있는 20,907호만을 공급한 수준이었다. 자세한 내용은 싱가포르 공공
     서비스국(Public Service Division) 홈페이지 참조(Housing a nation, building a city;
     https://www.psd.gov.sg/, 검색일 2020년 11월 16일).

표 1 전후 주택 정책 단계

| 연도 | 주택 개발 | | 단계 |
	내용(기관 설립 및 제도 도입)	목적	
1947	'39년 수준으로 임대료통제	심각한 주택 부족에 따른 임차인 보호	I. 건설 부족 해결을 위한 주택개발 정책 및 제도
1955	CPF 도입	노동 인구를 위한 사회적 안전망 제공	
1959	식민자치		
1960	HDB 설립	주택이 필요한 사람들에게 제공	
1963	말레이시아와 합병		
1964	HOS(HDB's Home Ownership Scheme)	저소득층의 주택 소유를 지원	
1965	말레이시아와 분리 독립		
1966	토지수용법(Land Acquisition Act)	국가의 토지수용을 용이하게 함	
1968	CPF 승인 주택 계획	HDB's HOS 지원에 CPF 저축액을 사용 하도록 함	
1971	HOS를 위한 재판매 시장	HOS 주택 소유자의 출구 전략	II. 부족 문제 해소를 위한 규제 완화
1979	HOS 주택의 재판매에 대한 규제 완화	부문 내 주거 이동 및 두 번째 신규 HDB 주택으로의 업그레이드 독려	
1981	CPF 승인 거주 자산 계획	민간 주택 모기지 상환에 CPF 저축액 이 용 허가	
1985	독립 후 첫 번째 경제위기		
1988	단계적 임대료 규제	유적지 보존을 위해 민간 부문 지원	
1989	재판매 주택에 대한 가구의 소득 및 자격 기준 규정	재판매 HOS 주택에 대한 영주권자의 접 근을 허가하고 주거 이동을 활성화	
1993	HDB 재판매 주택을 위해 주택 대출 확대	재판매 주택을 시장에 보다 가깝게 접근 할 수 있도록 HDB 주택 대출 정책을 실 행할 수 있도록 함	III. 금융 완화 및 주택 가격 인플레이션
1994	CPF 주택 보조금 제도	재판매 HOS 주택을 위한 수요 측면 주택 보조금 활성화	
1995	고급 주택 공급	중고소득층이 지불 가능한 민간 주택을 제공	
1996	투기 억제 수단	주택 가격의 급격한 인상과 투기 행위 억제	
1997	아시아 금융위기		
2002	주택을 위한 CPF 인출액 한도 제한	주택에서 가구 자산의 과도한 집중에 따 른 위험 감소	IV. 주택 재고 초과
2003	HDB 축소	2002년 미분양된 HDB 주택 17,500호, 신규 주택에 대한 수요 하락에 따름	

자료 : Sock-Yong Phang(2007), p.20

1960년노 싱가포르는 연간 인구증가율이 4.3% 수준으로 매해 최소 15,000호를 건설해야 하는 상황이었고, 실제로 HDB 설립 후 3년간(1960~1962년) 21,232호를 건설하였다. SIT가 지난 32년간 23,019호를 건설한 것과 비교하면 공급물량이 급격하게 증가한 것을 알 수 있다.

이후 40여 년간 싱가포르 주택정책 및 주택시장에서 HDB가 핵심적인 기능을 맡아왔다. HDB는 매년 건설 공급하는 물량의 대부분을 담당하고 있는 공급기관일 뿐 아니라, 재고 주택의 대부분을 운영·관리하는 기관이기도 하다.

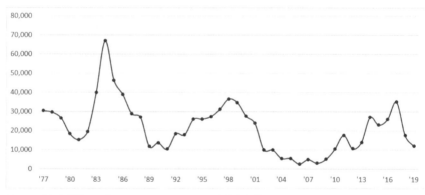

주 : 1982년 이전에는 JTC(Jurong Town Corporation)에서 판매한 주택은 포함되나, HUDC가 판매한 주택은 포함하지 않음. 1985~1986년에는 URA이 건설한 주택 포함. 1992년은 재분류된 96호 및 DBSS(the Design, Build and Sell Scheme)이 건설한 주택은 제외
자료 : 싱가포르 통계청 온라인 홈페이지
(https://www.singstat.gov.sg/find-data/search-by-theme/industry/building-real-estate-construction-and-housing/latest-data, 검색일 2020년 11월 16일)

그림 2 싱가포르 HDB의 연간 주택 공급 추이(1977~2019)

1977년부터 2019년까지 총 936,895호를 건설했으며, 이는 연 2만 1천호 이상의 규모가 되는 것이다. 또한 2019년 말 기준 HDB가 관

리하고 있는 주택에는 ECs(Executive Condominiums,(민간 고급분양주택)나 HUDC 주택2까지 포함하여 107만 여 호에 달한다. 싱가포르 가구(국민 및 영주권자)의 90% 이상이 HDB가 관리하는 주택에 거주하는 것이다. 2020년 3월 기준 싱가포르의 총 거처 수는 149만 호이며, 이 중 HDB 주택은 108만 호가량으로 HDB 주택이 72.2%를 차지한다.

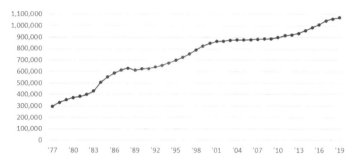

자료 : 싱가포르 통계청 온라인 홈페이지
(https://www.singstat.gov.sg/find-data/search-by-theme/industry/building-real-estate-construction-and-housing/latest-data, 검색일 2020년 11월 15일)

그림 3 싱가포르 HDB 관리 주택 규모 추이(1977~2019)

2   URA(Urban Redevelopment Authority)에서 한시적으로 건설한 HUDC(Housing and Urban Development Corporation) 주택은 공공주택인 HDB 주택 구매력보다는 높으나, 민간고급주택을 구매하기는 어려운 차상위계층을 대상으로 HDB 주택보다 넓고 상대적으로 고급화된 형태였다. 1974년부터 1987년까지 18개 프로젝트에 7,731호를 공급하였다. 현재는 모두 HDB에 관리가 이관된 상태이다.

표 2 싱가포르 주택 중 HDB 주택 비율 추이(2001~2020)

구분	거처 수	HDB 주택		구분	거처 수	HDB 주택	
		호수	비율			호수	비율
2001	1,060,956	857,335	80.8	2011	1,187,110	909,610	76.6
2002	1,080,728	868,856	80.4	2012	1,216,217	927,643	76.3
2003	1,093,351	874,322	80.0	2013	1,231,914	933,389	75.8
2004	1,106,876	877,987	79.3	2014	1,271,109	953,975	75.1
2005	1,119,892	880,934	78.7	2015	1,322,898	980,613	74.1
2006	1,125,784	881,679	78.3	2016	1,370,319	1,004,623	73.3
2007	1,128,485	881,529	78.1	2017	1,421,302	1,032,461	72.6
2008	1,139,561	887,204	77.9	2018	1,460,968	1,056,716	72.3
2009	1,147,452	887,352	77.3	2019	1,477,627	1,066,196	72.2
2010	1,164,906	895,482	76.9	2020	1,490,946	1,076,879	72.2

자료 : 싱가포르 통계청 온라인 홈페이지
(https://www.tablebuilder.singstat.gov.sg/publicfacing/createDataTable.acti
on?refId = 14626, 검색일 2020년 11월 15일)

3. 싱가포르의 내 집 마련 지원 정책 : 공공주택 소유 장려 정책

싱가포르 주택정책 중에서도 HDB 주도의 공급에 기반한 공공주택 소유 장려 정책은 주거안정만큼 중요한 정책인데,[3] 실제로 이러한 정부 정책으로 가구의 자가율이 2019년 90.4%에 이른다. 1980년대를 거쳐 1990년대 이후에는 자가율이 85%를 넘어서고 이중 HDB 주택의 비율은 90% 내외를 점하고 있음을 볼 수 있다. 싱가포르 국민은 HDB 주택에 대부분 거주하면서, HDB 주택을 소유

----

3 자가지원정책(Home Ownership for the People's Scheme, 1964)은 주택을 소유하게 되면 국가도 안정될 것이라는 생각에 기인하였다("if every family owned its home, the country would be more stable.", Prime Minister Lee Kuan Yew).

함으로써 내 집 마련을 하게 되는 것이다.

1980년도 자가율 58.8%, HDB 주택 중 일반 가구가 소유한 주택의 비율 61.5%에서 1990년에는 각각 87.5%, 89.8%로 상승하였고, 싱가포르 국민의 자가율과 HDB 주택 소유율 추이가 거의 비슷하게 나타나고 있다. HDB 1~2실 주택 소유율은 40% 미만인 데 반해, 3실 이상 주택 소유율은 90% 이상이며 방 수가 많을수록 소유율이 더 높다. 이처럼 자가율이 높은 데에는 HDB의 높은 공공주택 공급 비중과 HDB 주택 보유를 장려하는 정책이 현실화된 탓이다. 이와 같이 다른 국가에서는 사례를 찾아볼 수 없을 정도의 높은 자가율이 가능한 원인은 어디에 있는지 몇 가지 측면에서 살펴보도록 한다.

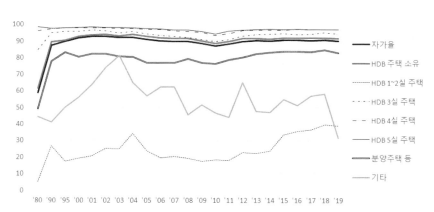

자료 : 싱가포르 통계청 온라인 홈페이지
(https://www.singstat.gov.sg/
find-data/search-by-theme/households/households/latest-data 검색일 2020년 11월 15일)

그림 4 싱가포르의 자가율 및 HDB 주택 비중 추이(1980~2019)

1) 저렴한 택지 확보를 통한 안정적 주택 건설

싱가포르 HDB 주택은 시세보다 낮은 가격으로 국민에게 제공된다. 오랜 기간 HDB 주택을 공급할 수 있기 위해서는 HDB가 건설비를 충당할 수 있어야 한다. 즉, 공공주택을 대표하는 HDB 주택을 수십 년간 주도적으로 건설 공급한 데에는 건설비를 저렴하게 유지할 수 있었기 때문이다. 무엇보다도 건설비 중 비율이 높은 택지비를 절약하기 위해 저렴하게 택지가 확보되어야 했는데, 여기에는 LAAthe Land Acquisition Act(토지취득법, 1966) 도입이 큰 역할을 하였다. 이 법은 공공주택뿐만 아니라 공단 개발, 공항, 항구 등을 포함한 인프라 개발과 같은 국책사업 추진에도 적용되었다. 당시 토지취득법에 따르면, 공공주택 건설 등 국가의 이익에 필요한 것으로 간주되는 모든 토지를 강제로 취득할 수 있고, 보상은 가치상승 고려 없이 현재 용도의 시장 가격과 공시지가 중 낮은 가격으로 이루어졌다. 이처럼 강력한 토지정책으로 토지 투기를 억제시켰고, 국책사업에 필요한 토지를 확보한 것으로 판단한 1990년대 초에 이르러서는 토지취득 가격을 시장가격으로 책정하게 된다(추뱅화, 2002, p.91).

토지취득에 대한 국가의 강력한 행정력을 바탕으로 국가가 취득한 토지의 비율은 확대되어 왔다. 정부는 1959~1984년 동안 싱가포르 전체 면적의 약 1/3을 확보했고, 1985년에 싱가포르 총면적의 76.2%를 소유하게 된다(History SG).

토지 취득이 가장 높았던 시기는 1970년대 및 1980년대라고 보는데, 실제로 HDB 취득 통계상 1960년대 후반부터 1970년대 초반,

1980년 초중반, 두 번에 걸쳐 가장 높은 것으로 나타났다(CENTRE for Liveable Cities(2014), p.28).

표 3 토지취득 관련 제도의 변화

연도	주요 내용
1920	토지취득령(Land Acquisition Ordinance) 도입. 이후 두 차례 개정(1946, 1955)
1955	토지취득 시 시세를 바탕으로 보상하도록 규정. 향후 5년간 토지 취득에 적용
1966	토지취득령을 대체할 토지취득법 도입 현 용도 기준 시장가격 또는 공시지가에 기초하여 보상 보상액에 대한 정부와 지주 간 분쟁을 심사하는 항소위원회도 설립
1973	국책사업 가속화를 위해 토지투기 억제 및 취득 비용 제한을 위해 법령 개정 보상액 관련 개정 : 1973.11.30. 또는 관보 공고 일 중 더 낮은 가격으로 보상
1982	급격한 부동산 가격 상승을 고려, 행정 수단으로 위로금(ex gratia payment) 도입 부동산 소유자가 재정적 어려움이 있거나 적당한 대체 자산을 구매할 수 없는 경우 등에 대해 사례별로 법정 보상가액을 규정 보상액 기준이 근본적으로 달라진 것은 아니나 특별한 사례(예외 규정)가 있을 때 금융 지원을 하도록 정부에서 다소 간의 유연성을 가짐
1987	규제를 강화하고 검증 과정을 개선하기 위해 고위위원회가 구성됨 토지취득은 되는 토지국(Land Office → 싱가포르 토지부(Singapore Land Authority, 2001)에 통합 토지 취득과 관련된 많은 공식 위원회의 토지 획득 권한은 취소
1988	부동산 소유자에게 돌아가는 이익과 주로 관련되는 부분에 대해 법 개정이 이루어짐 보상 공식의 변화는 없음
1993	법 개정은 1993년 1월 18일 이후 또는 1995년 9월 27일 이전 취득한 토지에 대해 법 개정 다음 검토는 5년 후인 1998년에 하는 것으로 결정 보상 공식은 변화 없음
1995	1995년 9월 27일 이후 취득한 토지에 대해 법 개정. 다음 검토는 3년 후에 하는 것으로 결정 보상 공식에 변화는 없음
2007	법정 기간에 따라 시장가격을 결정하는 관련 조항은 폐지 보상은 수용 토지를 위해 고시한 시간에 따라 현재 토지의 시장가격에 기초함
2011	LAIAC(A Land Acquisition Inter-Agency Committee, 토지취득위원회)가 토지 계획, 관리 및 토지이용기관 사이의 협력을 개선하기 위해 구성됨

자료 : CENTRE for Liveable Cities(2014), pp.50-53; History SG
 (싱가포르 정부부처 소개 사이트, https://eresources.nlb.gov.sg/history/events/1f669eff-bc82-49d1-a27c-2624e4cab8c6, 검색일 2020년 11월 19일)

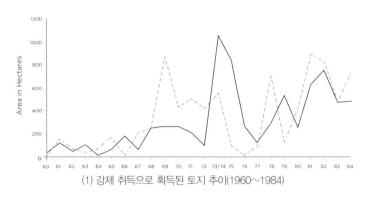

(1) 강제 취득으로 획득된 토지 추이(1960~1984)

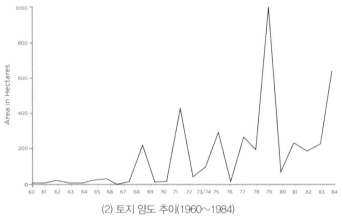

(2) 토지 양도 추이(1960~1984)

주 : 1) 그림(1)의 실선은 보유 토지, 점선은 강제 취득으로 관보에 공지된 토지
2) 1973, 1974년은 1973년 1월 1일부터 1974년 3월 31일까지이며, 이후 연도는 HDB
회계연도에 따라 4월 1일을 기준으로 함
자료 : CENTRE for Liveable Cities(2014), p.29.

그림 5 토지취득법에 따른 HDB 토지 취득 추이

토지 강제 취득 및 보상액 제한을 한 결과 주택 공급 비용은 더 저
렴할 수 있었는데, 예를 들어 1960년대 HDB 주택의 평균 건설비
는 1평방피트당(공용시설이나 계단 등을 제외한 순수 바닥면적
기준) 약 8달러[4]로, 주택 1호당 건축비는 원룸 주택의 경우 3,000달

----

4   3.3m²(1평)을 기준으로 하면 284달러가 된다.

러, 2침실 주택은 4,500~5,000달러가 되었다. 저렴한 건설비는 지불 가능한 주거비와 연동된다. 1964년 2월 기준, 퀸즈타운과 맥퍼슨 지역에 있는 2침실 혹은 3침실 주택 가격은 각각 4,900달러, 6,000달러로 책정되었다.

싱가포르가 토지 취득과 재정착에 여러 어려움에 처한 다른 국가에 비해 비교적 초기에 상대적으로 성공한 데는 몇 가지 이유가 있다. 첫째, 토지취득법이라는 형태로 명확하게 취득과정을 밟을 수 있도록 제도를 수립하여 관련 업무를 수행하는 공공기관의 역할에 대한 타당성을 부여했다는 점이다. 거의 모든 국가에서는 토지수용법이 있는데, 필요하긴 하나 불충분한 수준이다. 둘째, 무단 점유자의 자산에 대한 기록 관리·보관 및 시세 대비 보상액 계산 등과 같은 일련의 과정과 관련해서 불일치 또는 불공정성에 대한 비난이 거의 없었다. 세 번째이자 근본적인 이유로 토지와 자산을 강제 취득하는 대신에, 영향을 받은 사람들에게 사업장뿐만 아니라 양호한 생활환경과 거처를 정부가 제공했기 때문이다. 초기 저항에도 불구하고 실제로 생활 여건이 개선되고 있음을 체감하기 시작했던 것이다. 넷째, 실질적인 향후 계획과 협력이 이루어졌기 때문에 재정착에 대한 국민의 인식을 바꾸었다. 정부가 개선된 주거지로 자연스럽게 재정착하도록 할 수 있었던 데는 HDB의 통합 주택, 재정착 및 부동산 계획 기능 덕분이라고 할 수 있다(CENTRE for Liveable Cities, 2014, pp.32~34).

2) 구매력 확보 : 주택 구입을 위한 저축시스템(CPF)과 시세보다 저렴한 분양가

주택을 구입하기 위해서는 목돈이 필요할 수밖에 없는데, 싱가포르에서는 목돈을 마련할 수 있는 기반을 만들어 주는 한편, 민간 일반주택보다 저렴한 공공주택을 구매할 수 있도록 하여 주택 구매력이 확보될 수 있다는 점도 싱가포르 주택정책의 특징이다. 목돈 마련 기반은 싱가포르 특유의 저축 시스템이 있기 때문에 가능한 것이기도 하다. 이 저축 시스템은 단지 주택 분야에 한정된 것은 아니다. 싱가포르는 자립을 위한 적극적인 정부 지원을 구현하기 위한 수단으로 사회정책을 사용하며, 가족에 대한 개인의 노력과 책임을 강화하는 CPFCentral Provident Fund(중앙연금준비기금)도 이러한 정책 중 하나라고 볼 수 있다. CPF는 노동자들의 노후를 돕기 위해 1955년 설립되었는데, 노동자들이 노후를 위해 매월 소득의 일정액을 저축하도록 하는 것이다. 1968년에 정부가 공공주택정책을 도입하면서, 국민이 HDB 주택 모기지로 본인의 실소득을 사용하는 대신에 CPF 저축액을 사용할 수 있도록 하면서, 자가율 확대에 기여하게 된다.

CPF 저축은 세 가지 계정으로 구성된다.[5]

첫째, OAOrdinary Account(일반계정)는 임대료 걱정 없이 지속 거주를 보장할 수 있도록 주택 관련 비용을 부담한다. 주택은 은퇴 후

----

5   CPF 온라인 홈페이지 의 내용을 기반으로 작성.
     (https://www.cpf.gov.sg/, 검색일 2020년 11월 20일)

부가 소득에도 도움이 된다.

둘째, SASpecial Account(특별계정)는 안정적 노후를 보내기 위한 일상 비용과 관련된다.

셋째, MAMedisave Account(의료계정)은 일반 헬스케어 커버리지는 고령뿐만 아니라 청년층일 경우에도 필요하다. 의료청구액이 크면, 은퇴 비상금이 쉽게 동이 날 수 있다.

임금 대비 저축액 비율은 1955년 고용인과 피고용인 각각 5% 총 10%를 적립했고, 임금상한액 500달러에서 2019년에는 연령대별로 최소 12.5%에서 최대 37%까지 임금 대비 적립 비율을 정하고 있으며, 임금상한액은 6,000달러로 변화되었다. 1984년과 1985년에는 50%까지 저축 비율이 상승하였다. 1984년까지 연령대 구분 없이 임금 대비 저축 비율을 책정하였으나, 1988년부터는 연령대를 구분하여 임금 대비 저축 비율에 차등을 두고, 계정별 비율에도 차이를 두고 있다. 또한 저축 상한액을 설정할 수 있도록 임금 상한액을 두고 있는데, 2016년 이후부터는 임금 상한액뿐만 아니라 임금 구간별로 저축 비율에 차등을 두고 있다.

노동자 개인별 저축은 본인의 임금에서 일정부분 강제 저축하는 비율과 고용인에게 할당된 비율이 있다. 비율은 시기에 따라 다양하게 나타난다. 초반에는 저축 비율이 동일하였으나 연령 구분에 따라 차등화되면서 달라지는데, 고용인에 비해 피고용인의 저축 비율이 더 높은 형태로 변화하였다. 다만 고령자에 가까울수록 비율이 비슷하거나 고용인이 부담하는 비율이 약간 더 높게 나타난다. 2019년 기준으로 55세 이하의 피고용인은 임금의 37%를 저축하게 되는데, 피고용인 본인은 20%, 고용인은 17%로 배분되고 있으며, 55세가 넘어가면 각각 배분 비율이 줄어들어 총 비율 역시 낮아지는 형태이다.

표 4 CPF 저축 비율 설정을 위한 피고용인 연령 변화

구분	연령 구분
'55~'84	연령 구분 없음
'88~'91	4개 구분 : 55세 이하 / 55~60세 / 60~65세 / 65세 초과
'92	5개 구분 : 35세 이하 / 35~55세 / 55~60세 / 60~65세 / 65세 초과
'93~'04	6개 구분 : 35세 이하 / 35~45세 / 45~55세 / 55~60세 / 60~65세 / 65세 초과
'05~	7개 구분 : 35세 이하 / 35~45세 / 45~50세 / 50~55세 / 55~60세 / 60~65세 / 65세 초과

자료 : CPF 2019 연차보고서

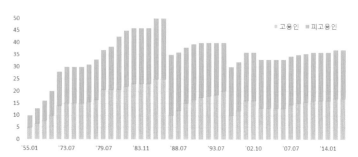

주 : 1988.07~2004.01, 2016.01 이후 : 55세 이하 기준 / 2005.01~2011.09, 2014.01~2015.01 : 50세 이하 기준 / 2012.09 : 45세 이하 기준
자료 : CPF 2019 연차보고서

그림 6 CPF 저축 비율 구성(고용인과 피고용인 배분)

계정 구성을 보면 일반계정의 비율이 가장 높은데, 일반계정은 주택 구입이나 개보수에 사용된다. 일반계정은 연령대별로 비중에

차이가 있는데, 처음 연령 구분을 했던 1980년대 후반에는 연령 차이가 크게 없었으나, 1990년대 들어서 중년층의 경우 그 비중이 점점 줄어들어서 임금 중 저축액의 10~20% 수준으로 일반계정 비중이 낮아졌다. 1999~2006년 동안에는 65세 이상 피고용인의 경우 일반계정에 해당하는 저축액이 없었다가 2007년도부터는 전 연령대에 일반계정에 금액을 할당하고 있으나, 2019년 기준 65세 초과 고령자는 월 저축액의 8%으로 낮아졌다. 좀 더 연령대가 세분화된 1991년 이후에는 35세 이하 피고용인의 일반계정 비중이 가장 높다. 이에 반해 특별계정과 의료계정은 시기에 따라 배정되지 않은 경우도 있었다. 특별계정은 중년층 이하에 대해서 배정이 되다가 2011년부터는 전 연령에 걸쳐 배정이 된다. 다만 고령자는 임금의 0.5~1%, 중장년층은 임금의 3.5% 이하를 배정하고 있다. 의료계정은 1984년부터 도입되어 연령과 무관하게 동일하게 배정하다가 연령대가 높을수록 배정되는 비율이 높은 것을 알 수 있다. 의료비 지출이 상대적으로 큰 고령자의 특성을 감안한 변화일 것이다.

또한 계정별로 이율에 차이를 두고, 첫 6만 달러 달성 시에 이율을 추가해주고, 55세를 기준으로 일반계정 2만 달러까지 추가 이율을 부여하는 등으로 저축액에 대한 이율 책정을 하고 있다. 이렇게 조성된 금액은 상기한 것처럼 주택 구입에 사용되는 한편 HDB 주택 건설에도 활용되었다.

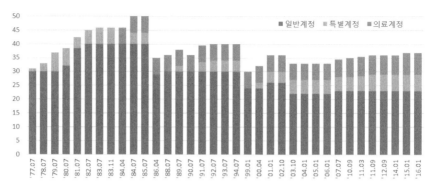

그림 7 CPF 저축액의 계정유형별 비중 추이

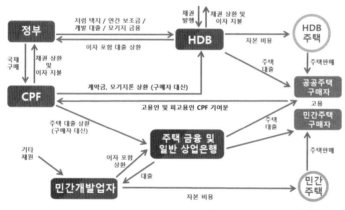

그림 8 싱가포르 주택금융 프로세스 개념도

3) 지불 가능한 주거비 : 거주에서 구매까지

HDB 주택은 거주를 위한 임대주택으로서도 이용하고, 일반 국민을 대상으로 판매도 하고 있다. 주로 2침실 이하 주택을 임대주택으로 제공하고 있으며, 3실 이상 주택의 대부분은 판매되었다.

표 5 HDB 관리 주택(2019)

총계	1실 주택	2실 주택	3실 주택	4실 주택	5실 주택	고급 주택	HUDC 주택	스튜디오형
1,071,126	30,779	56,430	243,299	423,280	243,180	65,106	0	9,052
100.0	2.9	5.3	22.7	39.5	22.7	6.1	0.0	0.8

자료 : 싱가포르 통계청 온라인 홈페이지
(https://www.singstat.gov.sg/find-data/search-by-theme/industry/building-real-estate-cons
truction-and-housing/latest-data. 검색일 2020년 11월 14일)

(1) 안정적 거주 : 주거비 지원(시세 대비 낮은 임대료)

공공임대주택계획public rental scheme에 따라 자격요건에 부합하는
가구에게 거주하도록 하고 있다. 연령, 소득, 부동산 보유 여부 등
에 대한 요건 외에 가족 대상 계획과 1인 가구 대상 계획으로 구분
하여 공급기준을 설정하였다. HDB 임대주택은 1실 주택과 2실 주
택으로 구성되며, 1인 가구는 1실 주택에 대해서만, 가족의 경우
에는 3명 이상이면 2실 주택까지 지원[6]하도록 하고 있다. 다만 결
혼, 출산 등으로 가구원 수가 증가할 경우 과밀을 지양하고, 주거
의 질을 제고할 수 있도록 PPHSthe Parenthood Provisional Housng Scheme
에 따라 일시적으로 판매 주택에 해당하는 3실 또는 4실 주택[7]에
대해 거주 지원을 할 수 있다.

....

6   소득이 없는 가족의 경우에는 가구원 수와 무관하게 1실 주택에 대해서만 지원가능하다.
7   실 당 최대 거주인 수를 규정하고 있는데, 3~4실은 6인까지로 규정(2018.1~)

표 6 HDB 임대주택 자격 요건

구분		내용
공통기준	연령	21세 이상
	소득	월 1,500달러 이하. 단, 1,500달러를 초과했을 경우 다른 주거 대안이 있는지 여부를 판단
	자산	기존 HDB 주택 비거주 지원 시점에 HDB 주택, 국내외 민간 부동산 및 고급주택을 소유하지 않을 것. 만약 이전에 자산을 보유하고 있었다면, 가장 최근 자산에서 나온 수익을 주택 예산 평가 시 참작
	부양관련	자녀가 자신의 주택에 부모를 부양할 수 있거나 부모를 위해 다른 주택 제공 옵션이 있을 정도의 재정능력이 있을 경우에는 HDB 임대주택 자격요건이 없는 것으로 판단함
	기타	어떠한 규정, 법률, 정책을 위반할 시에는 공공임대주택 계획상 HDB 임대주택 지원 및 지원서 상 점유자 리스트에 올릴 수 없음
가족 대상		싱가포르 시민권자이거나, 영주권자 대상 가족구성은 배우자, 부모, 양육해야 할 자녀, 약혼자, 형제·자매 등
1인 가구 대상		싱가포르 시민권자 35세 이상 미혼 또는 이혼인 자 배우자와 사별한자 또는 (적어도 부모 중 하나가 시민권자나 영주권자인) 고아

자료 : HDB 온라인 홈페이지(https://www.hdb.gov.sg)

대상 가구의 지원 회차 및 방 수에 따라 임대료를 책정하고 있다. 지원자는 1회 차와 2회 차로 나누어 지원 자격을 구분하고 있다.

① 1회 차 지원자first-timer applicants

- HDB 주택 구입 및 판매 경력 없음 : HDB로부터 또는 (CPF 보조금으로) 재판매 주택 구입하지 않은 경우

- 기타 주택 관련 혜택 없음 : 개발업자를 통합 고급주택, SERS[8]로부터의 수익, HUDC 부동산 사유화 등을 통해 어떠한 주택 보조금 형태의 이익을 얻지 않은 경우

② 2회 차 지원자second-timer applicants

----

8 SERS(the Selective En bloc Redevelopment Scheme, 선택적 일괄 재개발 계획)은 노후 주택을 재개발하는 것으로 SERS 거주자는 신규 주택(99년 임차)으로 이주할 수 있고, SERS 주택 소유자는 보상과 재입주의 혜택을 받을 수 있다. 자세한 내용은 HDB 홈페이지 참조.

– 상기한 1회 차 지원자의 금지 요건에 해당하는 구입, 판매 및 혜택을 받은 경우

표 7 HDB 주택의 임대료 책정 기준

가구 월 소득	지원 유형	월임대료	
		1실 주택	2실 주택
800 달러 이하	1회 차 지원	26~33달러	44~75달러
	2회 차 지원	90~123달러	123~165달러
801~1,500달러	1회 차 지원	90~123달러	123~165달러
	2회 차 지원	150~205달러	205~275달러

주 : HDB 시장 이율에 따라 임대료가 책정되며, 변동 가능
자료 : HDB 온라인 홈페이지(https://www.hdb.gov.sg)

(2) 자산 확대 기회 제공 : 2회에 걸친 공공임대주택 입주 및 판매

HDB 임대주택 제도에서 알 수 있듯이 HDB 주택에 임대로 거주할 수 있는 기회는 2번이 있는데, 이는 입주 대상자들의 주택 구매 및 판매의 기회가 2번이라는 것을 의미한다. 공공주택 구매 기회가 2번이 되면서, 주택 판매에 따른 이익을 차기 주거지 마련에만 쓰는 것이 아니라 자산을 축적하고 증대시킬 수 있게 된다는 것을 의미하는 것이다.

표 8 싱가포르 HDB 주택 구매 시 신규 및 재판매 주택 비교

구분	신규 주택	재판매 주택
가격	보조금이 지원되는 형태로 판매	구매자와 판매자 간 협의하여 결정
입지	대부분 미성숙 입지	전 지역에 걸쳐 판매 가능 주택 있음
구매 방식	정기적으로 공지, HDB에 직접 지원	일반 주택시장에서 항시 구매 가능

자료 : HDB 온라인 홈페이지 (https://www.hdb.gov.sg)

표 9 신규 주택 구매 과정

구분	BTO 주택 (Build to order, 수주형)	SOB 주택 (Sale of balance, 판매형)
판매 공고	분기당	1년 2회
체크할 사항	구매자격/HDB나 은행 대출 자격/자금계획 HDB 홈페이지를 통해 지원 시기 등 판매 정보 파악	
지원서 제출	HDB 홈페이지 통해 1주일간 지원	
결과 발표	약 3주 후	약 1.5개월 후
주택 예약	(⇒ 양도를 위한 준비기간 약 1~2주) 주택 예약을 위한 방문 계획/ HDB 대출 시에는 유효한 HLE(HDB Loan Eligibility) 서신 필요	
주택 계약	(⇒ 실제 계약을 위해 4개월 정도 필요) 대출을 할 경우, 다음 중 하나 이상 제출 (HDB 대출용으로) 유효한 HLE 서신 또는 (은행 대출용) 제공 서신	
열쇠 수령	약 3년 후	준공 주택은 3개월 이내/ 건축 시에는 준공 후

자료 : HDB 온라인 홈페이지(https://www.hdb.gov.sg)

신규 주택은 HDB 주택뿐 아니라 ECs도 구입할 수 있으며, HDB 주택(실의 개수에 따라) 및 EC에 따라 자격요건을 규정하고 있다. 재판매 주택은 구매 의사 등록, 구매 옵션, 재판매 지원, 재판매 완료 및 구매 후 요건의 과정을 밟는다.

주택을 구매하기 위해서는 적지 않은 목돈이 필요한데, HDB는 주택 구매를 위한 HDB 대출 신청 및 일반 상업 대출을 소개하고 있으며, CPF 저축을 하는 노동자 외에도 CPF 계정이 없는 노동자, 개별 사업자 등으로 세분하여 주택금융 계획을 제시하고 있다.

표 10 재판매 주택 구매 과정(2018.1.~)

구분	내용
Intent to Buy 등록	구매자, 판매자는 HDB 재판매 사이트에 로그인하여 Intent to Buy 등록 Resale Checklist(~2017) 비대상이었으나, 현재 구매자격이 되는 경우 등록
OTP	HDB가 규정한 거래계약서를 작성(HDB's Option to Purchase, HDB의 구매 옵션)
재판매 지원	OTP 작성 후 구매자와 판매자는 HDB 재판매 포털에 필요한 서류를 포함하여 재판매 지원서를 제출, HDB는 제출 사항을 확인하여 통보
재판매 완료	관련 서류 제출 후 재판매가 확정되기까지는 약 8주가량 소요
구매 후 요건	MOP(Minimum Occupation Period, 최소 거주 기간) : 일반 주택시장에 주택 판매, 주택임대, 민간 자산 투자 등을 하기 이전에 준수 필요 재판매 주택 구매 후 6개월 이내 기존 거주 주택 퇴거 다른 보조금 지원 주택을 구매하거나 소유할 경우 추징금 부과 CPF 주택 보조금으로 구입한 주택을 판매할 경우 CPF 자금은 계정으로 반환 부모 또는 자녀와 함께 또는 근처에 거주하는 조건으로 근거리 주택 보조금(Proximity Housing Grant)을 받으려면, MOP를 만족하는 조건으로 4km 이내 거주해야 함 시민권이나 영주권을 추가 취득한 가구원이 생기면, 자격 후 6개월 이내 만 달러의 추가 보조금 신청 가능

자료 : HDB 온라인 홈페이지(https://www.hdb.gov.sg)

표 11 CPF 저축을 활용한 주택금융

구분	내용
신규 HDB 주택 : HDB 대출	대출금 상환에 일반계정 저축액 사용 가능
재판매 HDB 주택/DBSS : HDB 대출 예) 자산 구매가 : 32만 달러 자산 평가액 : 30만 달러 → 30만 달러까지 사용 가능. CPF 계정 내 BRS 제외한 OA 저축액으로 대출금 상환	• 구매 당시 자산 가격이나 평가액 중 낮은 금액으로 OA 저축액 사용 • 그러므로 대출금이 여전히 남아 있다면, CPF 계정에 기본 퇴직금(Basic Retirement Sum: BRS)을 제외하고 HDB 대출 상환에 OA 저축액 사용
HDB 주택/DBSS/민간주택 : 은행 대출 예) 자산 구매가 : 32만 달러 자산 평가액 : 30만 달러 → 30만 달러까지 사용 가능. CPF 계정 내 BRS 제외한 OA 저축액 중 6만 달러(30만 달러의 20%)로 대출금 상환	• 구매 당시 자산 가격이나 평가액 중 낮은 금액으로 OA 저축액 사용 • 그러므로 대출금이 여전히 남아 있다면, CPF 계정에 BRS를 제외하고 구매 당시 가격이나 평가액 중 낮은 가격의 20% 해당금액에 OA 저축액 사용

주 : DBSS(Design, Build and Sell Scheme) 주택은 신규 HDB 주택과 유사한 자격 요건으로 판매용으로 제공되는데, 개발업자에게 직접 구입이 가능
자료 : CPF, Financing your home with CPF. https://www.cpf.gov.sg/Assets/members/Documents/Financing_Your_Home_with_CPF.pdf(검색일 2020년 10월 29일)

한편, HDB 주택을 판매하는 경우에는 구매 후 거주요건에 해당하는 MOP 외에 사회 통합이나 개별 가구 특성 관련 요건도 포함하고 있다.

표 12 주택 판매를 위한 자격 요건

구분	내용
MOP	• HDB로부터 구입 또는 개발업자의 DBSS 주택 : 5년 • SERS 주택 : 5년(이동형 주택 혜택 시), 7년 또는 점유시점에서 5년 • CPF 주택 보조금을 이용한 주택시장의 재판매 주택 : 5년 • CPF 주택 보조금 없이 구매한 주택시장의 재판매 주택 중 1실 주택은 제한 기간 없음, 2실 주택 이상 5년(2010.8.30.~), 3년(20103.5~8.29), 2.5년(HDB 대출, ~2010.3.5.), 1년(은행 대출만 있음, ~2010.3.5.) • Fresh Start Housing Scheme으로 구매한 주택 : 20년
통합 및 할당	• EIP(Ethnic Integration Policy, 민족통합정책) : HDB 단지 내 민족 통합이 가능하도록 구상, 인종 통합을 통한 화합을 도모 • SPR(Singapore Permanent Resident) 할당 : 비말레이시아계 SPR에 대해 근린 SPR 쿼터는 5%, 블록 내 SPR 쿼터는 8% 배정
기타	개인 파산이나 이혼의 경우 추가 요건이 있음 • 파산 : 시민의 경우에는 해당사항이 없으나, 가구원 중 시민이 없는 경우 주택 판매 전에 양수인의 동의가 필요 • 이혼 : MOP 충족 후 별거 증서, 이혼 판결 또는 증명서, 법원 명령 서류

주 : The Fresh Start Housing Scheme (Fresh Start)는 현재 공공임대주택에 거주 중으로 어린 자녀가 있는 2회 차 가구의 자가 지원 프로그램으로 재정 지원, 개인 책임 및 사회적 지원을 통합적으로 운영하여 2실 가변형 주택을 소유할 수 있도록 하는 것임
자료 : HDB 온라인 홈페이지(http://www.hdb.gov.sg)

이상과 같이 구매한 주택은 일정한 기준[9]에 따라 임대주택으로 활용하여 소득을 올릴 수 있다. 또한 3실 이상의 주택이라면 남는 방에 대해서도 임대가 가능하다.

(3) 재고 주택의 편의성 확대를 위한 업그레이드 시스템

싱가포르 주택의 대부분을 건설 공급하는 HDB에서는 100만 호

---

[9]   승인된 세입자를 들이되, 최대 가구원 수 이내로 하고, 임차인의 전대차를 금지하며 임차계약서와 주택개발법 조항 준수에 대해 책임을 진다.

가 넘는 주택을 관리하고 있다. 운영관리 대상 주택에 대한 개선 및 개보수 역시 주요한 주택 관련 업무이다. 업그레이딩 프로그램에 따라 주택을 넘어 주거환경 개선까지 포괄하고 있는데, 이는 HDB가 대부분의 주택을 관리하는 만큼, 싱가포르 주택의 가치 증대에도 영향을 미치는 것이고, 자가율을 고려할 때는 자산 유지와도 밀접하게 관련되는 것이다. 또한 이 프로그램은 지역이나 단지 또는 개별 주택에 대해 개선이나 개보수가 필요한 항목에 따라 진행되어, 임대주택과 판매 주택을 구별하지 않는다는 특징이 있다.

① LUPLift Upgrading Programme(리프트 개선 프로그램) : 고령자나 장애인, 자녀가 있는 가족 등의 수요를 고려, 리프트 설치가 되지 않았던 수십 년 전 건설된 HDB 단지에 대해 신형 리프트 등을 설치

② HIPHome Improvement Programme(주택 개선 프로그램) : MUPMain Upgrading Programme(주요 개선 프로그램) 대상이 되지 못한 1986년까지 건설된 주택이 대상이 되는데, 노후 주택의 관리 문제를 해결하여 편의성을 제고하는 것이 목적임. 단지별로 HIP 투표가 통과되면 프로그램 추진

③ NRPNeighbourhood Renewal Programme(근린지역 재개발 프로그램) : MUP 등을 받지 않은 2개 이상 인근 지역에 대해 개선 프로그램을 실시하는 것으로 주민들의 의견을 반영한 개선 사항에 대해 프로그램을 진행

자가지원 정책 수행에 따른 적자가 가장 크지만, 그다음으로 높은

것이 업그레이딩 프로그램 관련 비용이다. HDB 제반 업무는 공공의 성격이 강한 만큼, 적자가 발생하며 정부 보조금으로 이러한 적자를 지원한다. 주택 부문에서는 적자가, 기타 부문[10]에서는 흑자가 발생하나 주택 관련 사업의 비중이 높아, 결과적으로 손실로 나타난다.

표 13 HDB 예산 현황

<table>
<tr><th colspan="2">구분</th><th>2019/2020</th><th>2018/2019</th><th>2017/2018</th><th>2016/2017</th></tr>
<tr><td rowspan="4">총수익
및 비용</td><td>총수익</td><td>1,431</td><td>2,125</td><td>2,625</td><td>2,852</td></tr>
<tr><td>(순수운영비용)</td><td>(4,096)</td><td>(4,111)</td><td>(4,342)</td><td>(4,041)</td></tr>
<tr><td>손실</td><td>(2,665)</td><td>(1,986)</td><td>(1,717)</td><td>(1,189)</td></tr>
<tr><td>자본 비용</td><td>7,316</td><td>6,552</td><td>7,989</td><td>8,890</td></tr>
<tr><td rowspan="11">분야별
내역</td><td rowspan="6">손실</td><td>자가지원 관련</td><td>(2,232)</td><td>(1,421)</td><td>(1,383)</td><td>(861)</td></tr>
<tr><td>업그레이딩</td><td>(440)</td><td>(557)</td><td>(639)</td><td>(482)</td></tr>
<tr><td>주거 보조 시설</td><td>(312)</td><td>(342)</td><td>(338)</td><td>(428)</td></tr>
<tr><td>임대주택</td><td>(115)</td><td>(116)</td><td>(92)</td><td>(79)</td></tr>
<tr><td>모기지 금융</td><td>(21)</td><td>(23)</td><td>(23)</td><td>(26)</td></tr>
<tr><td>분야 간 거래 제거</td><td>9</td><td>11</td><td>9</td><td>9</td></tr>
<tr><td rowspan="5">수익</td><td>총 주택부분 손실액</td><td>(3,111)</td><td>(2,448)</td><td>(2,466)</td><td>(1,867)</td></tr>
<tr><td>기타 임대 및 관련 사업</td><td>454</td><td>472</td><td>753</td><td>641</td></tr>
<tr><td>기관 등</td><td>1</td><td>1</td><td>5</td><td>46</td></tr>
<tr><td>분야 간 거래 제거</td><td>(9)</td><td>(11)</td><td>(9)</td><td>(9)</td></tr>
<tr><td>기타 사업 총 잉여</td><td>446</td><td>462</td><td>749</td><td>678</td></tr>
<tr><td colspan="2">총 손실</td><td>(2,665)</td><td>(1,986)</td><td>(1,717)</td><td>(1,189)</td></tr>
<tr><td colspan="2">공공주택 관련 금융 중 정부 보조금</td><td>2,692</td><td>2,032</td><td>2,006</td><td>1,194</td></tr>
</table>

자료 : HDB, 2019/2020 연차보고서

---

10   상업·공업용 건물의 임대, 토지임대, 주차 등이 여기에 포함된다.

4. 결론 : 우리나라 공공주택 정책에 주는 시사점

싱가포르 주택정책 수행의 성과가 달성된 이후, 경기침체, 공급과잉, 주택과소비, 실업 등 기존 주택정책의 변화와 개선이 필요한 여러 가지 어려움이 등장하고 있는 것도 사실이다. 그러나 이러한 변화에 대응하여 정책적 전환을 도모하고 있으며 무엇보다도 주거안정이라는 측면에서 싱가포르 주택정책을 짚어보는 것은 여전히 유효하다고 생각된다. 이 중에서 싱가포르 내 집 마련 지원 정책과 관련하여 자가율을 높이게 된 데에는 다음의 여섯 가지 요인이 큰 영향을 미친 것으로 보인다.

첫째, 공공주택의 재고 늘어난 것은 특정시기 동안 공급이 된 것이 아니라 수십 년간 지속적으로 이루어져왔기 때문에 가능하였다는 점이다. 우리나라의 경우에도 임대주택의 재고 물량을 보면, 국민임대주택의 물량이 가장 많은 것을 알 수 있는데, 이는 재원 구성이나 시대적 여건 등의 요인도 있으나, 최소 십수 년간 정책이 지속적으로 추진되었기 때문에 가능하였다.

둘째, 수익사업이 아닌 공공사업으로 공공주택을 공급하기 위해 필요한 저렴한 택지는 강력한 토지취득법으로 확보되었다. 특히 보상액 산정 기준이 기존 용도의 기존 가격을 기준을 하는 만큼 비용 상승 요인을 원천적으로 차단하였고, 주택 건설 외에 각종 국책사업에 필요한 토지가 확보되었다고 판단되는 시기까지 이러한 토지정책 기조가 유지되었다.

셋째, 공공주택인 HDB 주택은 임대주택뿐 아니라 판매를 고려하는 만큼, 넓은 평형도 함께 건설하였다. 이는 주택을 구매하고자 하는 수요자의 선호를 반영한 것이기도 하고 사회적 여건에 따른 주거의 질적 측면도 고려한 것으로 파안된다.

넷째, 공공주택의 구매 기회를 2회로 하여, 일반 국민들로 하여금 내 집 마련을 통한 자산 형성의 기회를 제공하고 있다는 점이다. 공공주택의 구매의 1회에 그쳤다면, 실거주를 위한 비용에 모두 투입되어야 할 수 있으므로 공공주택 구매 자체만으로 자산 형성을 할 수는 없었을 것이다.

다섯째, 공공주택 건설 및 운영 관리의 결과는 HDB의 적자예산 운용으로 나타나고 있지만, 이에 대해 정부 보조금을 투입하기 때문에 HDB가 공공주택 공급 및 운영관리 기관으로서 역할에 집중하여 사업을 일관성 있게 추진할 수 있는 여건이 형성되었다.

여섯째, 주택 소유와 관련하여 국민들이 운용할 수 있는 재원으로 일반 상업은행으로부터의 대출이나 모기지뿐만 아니라 CPF 저축이라고 하는 싱가포르만의 독특한 공적금 제도가 존재하므로, 개인의 주택 파이낸싱을 안정적으로 구성할 수 있는 장점이 있다.

즉, 양적 재고 및 수요에 대응한 평면 중심의 판매, 저렴 택지 확보, 자산 형성 기회도 포함한 2번의 구매 기회, 공공정책으로서 안정적 운영을 위한 재정 지원 및 개인의 구매력을 보정할 수 있는 CPF 제도, 이러한 모든 것들이 유기적으로 결합되어 자가율을 높일 수 있었던 것이다.

:: 참고문헌

논문

PHANG, Sock Yong(2007), The Singapore Model of Housing and the Welfare State, Housing and the New Welfare State: Perspectives from East Asia and Europe, 15-44, Research Collection School Of Economics.

CENTRE for Liveable Cities(2014), Urban System Studies–Land Acquisition and Resettlement: Securing Resources For Development, Fisrt Edition, Singapore.

보고서

추벵화(2002), "싱가포르의 공공주택 소유의 재원의 조달방안", 「주거복지실현과 재원조달방안」, 대한주택공사.

웹문서

싱가포르 정부 홈페이지 : https://www.gov.sg

• A home for everyone: Singapore's public housing
  What the Government is doing to enable all Singaporeans to own a home
  https://www.gov.sg/article/a-home-for-everyone-singapores-public-housing
싱가포르 정부 부처 소개 사이트 : https://eresources.nlb.gov.sg

• 싱가포르 용어사전(singapore infopedia) : https://eresources.nlb.gov.sg/infopedia/
싱가포르 통계청: https://www.singstat.gov.sg/
싱가포르 법제 사이트 – 토지취득법 : https://sso.agc.gov.sg/Act/LAA1966#pr5-

HDB 관련

• 공식 홈페이지 : http://www.hdb.gov.sg
• 연차보고서 (https://www20.hdb.gov.sg/fi10/fi10221p.nsf/hdb/2020/index.html)

CPF 관련

• 공식 홈페이지(https://www.cpf.gov.sg)
• 연차보고서

(https://www.cpf.gov.sg/Mcmbers/AboutUs/about-us-info/annual-report)

- CPF, Financing your home with CPF

  (https://www.cpf.gov.sg/Assets/members/Documents/Financing_Your_Home_
  with_CPF.pdf, 검색일 2020년 10월 29일)

  https://www.psd.gov.sg/

  https://www.psd.gov.sg/heartofpublicservice/our-institutions/housing-a-natio
  n-building-a-city/

김수진 | 프랑스 피넬법의 민간임대주택 공급 활성화 전략
국토연구원 책임연구원 sookim@krihs.re.kr

최경호 | 네덜란드 임대 부문의 수평적 · 수직적 형평성
(사)한국사회주택협회 정책위원장 kh@socialhousing.kr

전성제 | 영국의 사회주택 뉴딜 정책
국토연구원 책임연구원 sjjeon@krihs.re.kr

허윤경 | 미국 GSE의 임대주택 (multifamily) 자금 지원 정책 사례
한국건설산업연구원 연구위원 ykhur@cerik.re.kr

박미선 | 미국의 포용적 지역지구제와 포용주택 공급을 통한 사회통합 시도
국토연구원 연구위원 mspark@krihs.re.kr

김남정 · 강명수 | 일본의 육아지원형 주택 공급 정책
LH 토지주택연구원 수석연구원 knj3315@lh.or.kr
LH 토지주택연구원 수석연구원 mskang@lh.or.kr

장용동 | 일본의 임대주택 주거서비스 사례와 시사점
한국 주거서비스 소사이어티 사무총장 ch100y@naver.com
아시아투데이 대기자(전편집인)

김덕례 | 싱가포르 내 집 마련의 핵심, 중앙적립기금(CPF)
주택산업연구원 선임연구위원 chldb98@khi.re.kr

최은희 | 내 집 마련 지원 정책으로서 싱가포르 공공주택정책
토지주택연구원 연구위원 aquarius@lh.or.kr

주거복지 해외에 길을 묻다

초판인쇄 2020년 12월 23일
초판발행 2020년 12월 30일

저   자 김수진, 최경호, 전성제, 허윤경, 박미선, 김남정, 강명수, 장용동, 김덕례, 최은희
펴 낸 이 김성배
펴 낸 곳 도서출판 씨아이알

편 집 장 박영지
책임편집 박영지
디 자 인 백정수, 김민영
제작책임 김문갑

등록번호 제2-3285호
등 록 일 2001년 3월 19일
주   소 (04626) 서울특별시 중구 필동로8길 43(예장동 1-151)
전화번호 02-2275-8603(대표)
팩스번호 02-2265-9394
홈페이지 www.circom.co.kr

I S B N 979-11-5610-824-5 (93330)
정   가 20,000원